Kursbuch 198
Heimatt

Klimaneutral
Druckprodukt
ClimatePartner.com/12752-1803-1001

Zum Ausgleich für die entstandene CO_2-Emission bei der Produktion dieses Buches unterstützen wir die Erhaltung und Wiederaufforstung des Kibale-Nationalparks in Uganda. Das Projekt trägt zum Klimaschutz bei, indem die Bäume bei der Fotosynthese Kohlenstoff aus der Luft binden, es schützt die Biodiversität des tropischen Waldes und sichert 260 Arbeitsplätze.

Das Kursbuch erscheint viermal im Jahr.
Das Heft kostet einzeln € 19,–
Das Jahresabo (4 Ausgaben) kostet € 60,–
Im Internet: https://kursbuch.online

Kursbuch Kulturstiftung gGmbH
Miramar-Haus, Schopenstehl 15, 20095 Hamburg
Tel.: 0 40/39 80 83-0
V. i. S. d. P.: Peter Felixberger
© 2019 Kursbuch Kulturstiftung gGmbH, Hamburg

ISBN 978-3-96196-068-2
ISSN 0023-5652

Herstellung und Gestaltung: Murmann Publishers GmbH, Hamburg
Druck: Steinmeier GmbH & Co. KG, Deiningen
Printed in Germany

Zuschriften bitte per Mail an: kursbuch@kursbuch.online
Abonnenten-Service: abonnements@kursbuch.online
Pressevertrieb: PressUp GmbH, Wandsbeker Allee 1, 22041 Hamburg. www.pressup.de

Armin Nassehi
Editorial

Es heimatet sehr. Alle entdecken die Heimat – als Wunschvorstellung, als Projektionsfläche, als Feind und Albtraum, sogar als ministrables politisches Thema. Kurz vor dem Verfassen dieses Editorials habe ich in einem Bioladen am Münchner Rotkreuzplatz fettige Kartoffelchips gesehen – der Markenname hieß »Heimatgut«. Deutsche Kartoffeln. Da fehlte nur noch ein alter weißer Mann, der sie sich gekauft hätte. Unter uns: Das ganze Gerede um Heimat ermattet uns langsam – deshalb heißt dieses *Kursbuch Heimatt*. Das hat sich Peter Felixberger ausgedacht, und er hat es damit wirklich gut getroffen.

Und doch lohnt es sich, über Heimat nachzudenken – nicht, was sie wirklich ist, sondern warum sich die Frage stellt und was die Leute mit der Frage anstellen. So unterschiedlich die Beiträge dieses *Kursbuchs* auch sind – es eint sie alle eine Distanznahme zum Thema. Es wird nicht für oder gegen den Heimatbegriff gestritten, es wird nicht die eine durch eine andere Heimat ersetzt, es wird nicht das eine richtige Verständnis von Heimat propagiert, sondern alle sind in dem Erstaunen darüber verfasst, wie Regionales zu Heimatlichem aufgerundet wird, um es in den Worten von Jürgen Dollase zu sagen, der sich dem Thema von der Kulinarik her nähert. Alle Beiträge weisen je für sich darauf hin, dass der Begriff Heimat zugleich Lösung und Problem ist und ganz offensichtlich auf eine Leerstelle in modernen Gesellschaften verweist, die sehr unterschiedlich gefüllt werden kann. Robert Misik weist darauf hin, dass diese Leerstelle durch jenen »Elefant im Raum« mit Namen Migration derzeit besonders sichtbar wird. Naika Foroutan thematisiert diese Leerstelle, indem sie auf die schwierigen Mehrfachcodierungen verweist. Georg Seeßlen spielt dies am Beispiel Bayerns durch. Mein eigener Beitrag identifiziert die Rede von der Heimat als eine Ersatzhandlung, bei der aber nicht ganz klar ist, wofür eigentlich.

Einen ganz neuen Ort, der unter Heimatverdacht geraten kann, machen Dirk von Gehlen und Adrian Lobe aus: das Internet, jenen ortlosen Ort, an dem sich nicht nur die junge Generation immer häufiger aufhält. »Es gibt im Sinne der reinen Idee von Volk und Heimat keinen Ort auf der Welt, der unreiner ist als das Internet,« schreibt von Gehlen, und Adrian Lobe bemerkt ganz ähnlich, dass im Netz zwar Heimat gesucht wird, aber nicht ganz klar sei, was da an diesem, zum Teil geistlosen Ort gefunden wird. Er ist sich aber sicher: »Der Geist wird immer eine Heimat finden.«

Dass die Arbeit an dieser Leerstelle von Einheit, Einheitlichkeit und alternativloser Zugehörigkeit zu den größten Katastrophen der Moderne geführt hat, wird in den Beiträgen von Michael Brenner, Michael Haas, Levi Israel Ufferfilge und Maxim Biller sichtbar. Die systematische Dementierung der Zugehörigkeit des Jüdischen zum Eigenen ist der Index, den alles Nachdenken über Heimat in deutscher Sprache trägt – und in welcher Sprache gibt es sonst *Heimat*?

Wir freuen uns ganz besonders über die Erzählung *Max in Palästina*, die Maxim Biller eigens für dieses *Kursbuch* verfasst hat. Sie schwebt in der Spannung von Drinnen und Draußen, von Zugehörigkeit und ihrer Dementierung, vom Staunen und der lapidaren Einsicht, wie banal die Dementierung daherkommt.

Dann möchte ich auch den Beitrag von Levi Israel Ufferfilge erwähnen. Wir haben bei diesem *Kursbuch* das erste Mal einen *Call for Papers* für jüngere Autorinnen und Autoren geschaltet. Es erging die Aufforderung, uns Konzepte für Beiträge zum Kursbuchthema einzusenden. Auf der Basis von 61 eingesandten Konzeptpapieren haben wir Levi Israel Ufferfilge gebeten, einen Beitrag für dieses *Kursbuch* zu verfassen. Der 31-jährige Lehrer für Isrealitische Religionslehre und Hebräisch am Jüdischen Gymnasium München beschreibt in seinem Beitrag *Wenn ich dich vergäße, Jerusalem*, wie sich die Spannung zwischen der jüdischen Diaspora und Israel darstellt. Der Beitrag endet so: »Und hast du dann nie Heimweh?‹, fragte mich vor zwei Jahren im westfälischen Münster eine Grundschülerin in der Sukkah der jüdischen Gemeinde. ›Doch‹, versicherte ich ihr. ›Ich weiß nur nicht, wonach.‹«

Der nächste *Call for Papers* für das *Kursbuch 199* mit dem Titel *Intelligenzen* ist übrigens bereits online – bewerbt Euch!

Schließlich möchte ich auf die Kunststrecke hinweisen, auf die Zeichnungen von dem in Tel Aviv lebenden Künstler Eran Shakine, die einen Moslem, einen Christen und einen Juden dabei zeigen, wie sie sich durch die Welt bewegen. Irgendwie wirken die drei verloren, fast matt, Heimatt eben, aber sie mühen sich nach Kräften auf der Suche nach gemeinsamer Zugehörigkeit.

Der geneigten Beobachterin und auch dem mitgemeinten Pendant wird aufgefallen sein, dass die Hauptbeiträge dieses *Kursbuchs* mit einer Ausnahme aus männlicher Feder stammen. Nichts Neues in dieser alten Heimatt. Werden wir wieder gefragt, ob Heimat vielleicht ein rein männliches Thema sei (vgl. *Kursbuch 196*)? Vielleicht ist es das – zumindest, wenn man den Textoutput betrachtet. Der Input sah ganz anders aus. Der Anteil der angefragten Autorinnen lag bei zirka 40 Prozent, die zweite Runde eingeschlossen. Sofortige oder auch spätere Absagen haben das vorliegende Ergebnis nach sich gezogen. Gut, dass es am Ende auf die Texte und weniger auf das Geschlecht der Autorinnen und Autoren ankommt – dennoch: Wir bleiben dran (Ihr auch?)!

Umso mehr freuen wir uns darüber, dass Katja Gasser den Stab aufgenommen und den 25. Brief einer Leserin beigesteuert hat.

Katja Gasser
Brief einer Leserin (25)

Ich schreibe diesen Leserbrief in einem kleinen Dorf, im Süden Österreichs, meiner Herkunftslandschaft. In Ludmannsdorf, einem Dorf an der Grenze, in dem zwei Sprachen koexistieren: Slowenisch und Deutsch. Ich bin aufgewachsen inmitten von Grün. Ich habe dieses Grün als Selbstverständlichkeit wahrgenommen, als etwas, das ist, weil es so ist, wie es eben ist. Als Gegebenheit. Als nichts, was bedroht werden könnte. Als nichts, was verteidigt werden müsste. Als nichts, was besondere Beachtung verlangte. Zugleich in dem Gefühl, sehr früh, dass das, was hier als »natürlich« gilt, mich nicht meint, mich einschüchtert, mich in meinem Welt- und Selbstempfinden mehr bedrängt denn stärkt, mehr ausgrenzt denn eingemeindet. Ilse Aichinger, eine meiner frühen literarischen Lichtgestalten, hat einmal gesagt, dass die Natur dazu da sei, um gekontert zu werden. Diese Natur Ilse Aichingers meint das Einverständnis mit der Welt, wie sie sich einem darbietet. Dieses Einverständnis gedeutet als eine Haltung des »Das versteht sich von selbst« oder »Es ist, weil es eben so ist«. Diesem Einverständnis wohnt immer schon etwas erbarmungslos Nichtrettendes, etwas Menschenzerstörerisches inne. Und weil dem so ist, muss die Natur, in der Aichinger'schen Spielart gedacht, gekontert werden. Das »Natürliche« sei im Grunde »die allerletzte Schmach«, schrieb Roland Barthes einst in *Über mich selbst*. Und er führt in diesem Kontext den Begriff der Evidenz ein: Das, was *evident* sei, sei »gewalttätig«, »auch wenn diese Evidenz sanft, liberal, demokratisch vorgestellt wird«.

In einer Art Rhetorik der Evidenz scheint sich mir Wolf Lotter in seinem Beitrag »It's your economy, stupid« aus dem *Kursbuch 197*, das sich aus unterschiedlichsten Perspektiven dem *Grün* widmete, zu verfangen. Diese Rhetorik der postulierten Evidenz führt in Wolf Lotters

Text zu einer gegenwärtig durchaus massiv forcierten Denkunschärfe, die unseren politischen Diskurs maßgeblich prägt. Lotter spricht pejorativ von »kollektiven Interessen«, inszeniert diese als Gegenspieler von »Selbstbestimmung«, »Selbständigkeit«, »Selbstverantwortung« und »mehr Freiraum für alle« und kommt zu dem Schluss, dass die Grünen nicht zuletzt daran krankten, dass sie nicht entschieden genug an einem »Zivilkapitalismus« arbeiteten, an einer »neuen Ökonomie der Selbstverantwortung«, die endlich die »alte Tante Kollektiv«, den »deutschen Ungeist der Einheit«, »die ganze autoritäre Grundlage dieser autoritär gebliebenen Kultur« abgestreift hätte. Wolf Lotter markiert den eigenen Denkansatz als radikal antihierarchischen und emanzipatorischen und meint, damit die ideologisch grundierte Herrschaftsstruktur seines eigenen Sprechens verschleiern zu können. Diese ideologisch gegerbte Herrschaftsstruktur seines eigenen Sprechens – sie gibt sich unter anderem darin zu zeigen, dass in ihr, ganz nebenbei, der Begriff der Solidarität entsorgt wird: Sie, die Solidarität, tritt hier rhetorisch nur mehr als »alte Tante Kollektiv« gewandet auf, die das Individuum samt Vielfalt einschränkt und einengt und »echte Transformation« verhindert. Was aber bedeutet »echte Transformation«? Wem dient etwa das Krankreden eines sozialökonomischen Sicherheitsbedürfnisses von Menschen? Wem nützt die Verachtung von »Verbeamtung«, von der Lotter spricht, und wem die Überhöhung des Freiheitsstrebens des Individuums? Schutz und Hilfe: Kein Mensch kommt ohne sie aus, dafür braucht es keine ökonomische Bildung.

Die Natur ist ohne unsere Fähigkeit zu solidarischem Empfinden, ohne »die alte Tante Kollektiv«, nicht zu retten. Die Natur, die heute gekontert werden muss, ist jene, die technologischen Fortschritt samt Zerstörung der Idee des Wohlfahrtsstaates und Vereinzelung als natürliche Vorgänge tarnt. Das heißt keineswegs, dass man automatisch technologiefeindlich und rückwärtsgewandt ist. Es heißt nur, dass man nicht bereit ist, den Menschen auf einen einzigen Aspekt seiner Fähigkeitsvielfalt zu reduzieren und damit zuzulassen, dass seine Komplexität allein auf die flexible Verwertbarkeit in einem ökonomischen System hin reduziert wird, das den Glauben an so etwas wie Gesellschaft längst hinter sich gelassen hat. Es heißt nichts anderes, als Widerstand gegen eine Unterwerfung des Menschen unter ein angeblich selbst ersehntes System, das all jene, die etwa über kein kreatives Potenzial verfügen, als Nutzlose aussortiert. Das Besingen der »Selbständigkeit« und der »Selbstbestimmung« scheint gegenwärtig mehr denn je jener armselige Rest zu sein, den man den Nichtherrschenden, der Unterschicht nicht zuletzt, vorsetzt, damit sie moralisch beschäftigt und dadurch bei Laune bleiben.

Die Idee, dass es Gesellschaft nicht gibt, ist alt, sie ist ein ideologisches Konzept, das immer schon dazu angetan war, die Kluft zwischen jenen, die sich im Reichtumvermehren üben, und anderen, für die nur Armut abfällt, zu vergrößern. Das heißt ebenfalls nicht automatisch, dass man kapitalismusfeindlich ist – die Kritik am unreflektierten antikapitalistischen Reflex und die historische Kontextualisierung sind richtig und wichtig. Es indiziert vielmehr die gesellschaftspolitisch motivierte Nichtbereitschaft, für die Vielfalt die Vorstellung von Gemeinsamkeit zu opfern: Das ist nicht inkonsequent oder feige, wie es Wolf Lotter insinuiert, vielmehr ist es der Einsicht geschuldet, dass Vielfalt allein kein valides gesellschaftliches Konzept ist. Sie, die Vielfalt, braucht einen Kitt, etwas, was die Menschen jenseits ihrer Differenz, deren gesellschaftliche, politische Anerkennung essenziell ist, zusammenhält, ihnen eine Perspektive gibt. Solidarität könne man durch Argumente nicht moralisch erzwingen, schreibt Heinz Bude in seinem jüngsten Buch *Solidarität. Die Zukunft einer großen Idee*, noch könne man Solidarität als Therapie für ein verwundetes Ich empfehlen. Und weiter: »Man weiß den Gewinn der Solidarität nur zu ermessen, wenn man die Einsamkeit kennt.« In Zeiten, in denen »exkludierende Solidarität« politisch hoch im Kurs steht, sollte man sich umso intensiver rückbesinnen auf diesen schlichten Satz, den letzten dieses jüngsten Buches von Heinz Bude.

Wie wollen wir leben, wer wollen wir sein in Zukunft? Die *gewalttätige Evidenz*: Man sollte sie bei diesen Überlegungen als Spielart der Vernunft immer wieder mitbedenken. Und die Zusammenhänge, die sich einem zeigen, auf ihre Bruchstellen hin untersuchen, auf dass nicht zuletzt ihre weltanschauliche Ordnungsstruktur erkennbar werde.

Ob das Grün, mit dem ich aufgewachsen bin, meinen Sinn für das Gefährdete gestärkt oder geschwächt hat? Jedenfalls hat mich mein zweisprachiges Dorf an der Grenze Folgendes gelehrt: dass die »Provinz des Menschen« (Elias Canetti) universell zu denken ist, ohne geografische Grenzen. Und dass Heimat vor allem dort ist, wo Menschen mit einem mitfühlen und zu Solidarität bereit sind. Selbstverständlich ist nichts, Fortschritt kann auch Rückschritt heißen. Vor allem aber: »Du gibst zu, dass es möglich ist, dass grün nie mehr grün wird, hast es schon zugegeben« (aus Ilse Aichinger: »Wisconsin und Apfelreis«).

Georg Seeßlen
Dahoam is Dahoamnis
Bayern als Mythos, Ideologie und Ware

I

(Servus beinand.) Gewiss. Alles das, was die großen »Identitäten« schafft, das Volk, die Religion, die Geschichte, die Kultur, die Sitten und Gebräuche, die Traditionen und »Mentalitäten«, das ist zum größten Teil fiktional, in politischem und ökonomischem Interesse fabriziert, Teil symbolischer Ordnungen und Machtverhältnisse. Es hat so viele Wurzeln im Mythos wie in der Geschichte, ist zugleich Körper und Maschine, Original und Abbild, Propaganda und Überlebenskunst. Das Geflecht der fabrizierten Identitäten wird schließlich durch zwei Supermythen zusammengehalten, eine dunkle Yin-Yang-Situation: Nation (männlich-heroisch-maschinell) und Heimat (weiblich-idyllisch-organisch). Es ist allerdings zentriert um ein Tabu: Das Künstliche, das Fabrizierte, das Willkürliche, das Interesse und die Macht – das alles darf nicht ge- und benannt werden. Es soll gewachsen sein, was in Wahrheit fabriziert wurde. So steht den Aussagen »Keine Demokratie ohne Nation« und: »Keine Gesellschaft ohne Heimat« eine Antithese entgegen: »Die Nation ist niemals demokratisch« und: »Die Heimat ist nie sozial.« Es ist eben kompliziert.

Unglücklicherweise können über die Mythen der Identitäten nur Menschen nachdenken, die auf sie nicht mehr angewiesen sind. Nicht unbedingt die »Eliten«, die ohnehin in einer eigenen Welt leben, sondern am ehesten ein progressiver Teil der oberen Mittelschicht, der nur zu bewusst ist, wie wenig territoriales und historisches Herkommen wiegt im Verhältnis zur, nun ja, Klassenlage. Wer Nation und Heimat (von »Rasse«, Ethnie, Kultur oder Hautfarbe ganz zu schweigen) nicht mehr als bedeutende Indikatoren von Identität ansieht, hat entweder etwas verloren oder er oder sie haben sich von etwas befreit. Es kommt auf die Perspektive an. Oder auch auf die Biografie. Denn wird unterwegs etwas anderes verloren, die Gewissheit der Klassenzugehörigkeit etwa, die berufliche Perspektive, das verlässliche soziale Geflecht, dann kehrt, mal nostalgisch, mal neurotisch, mal auch durchaus »faschistisch«, die alte Mythologie zurück, um die Leerstellen zu besetzen. Richtig nachdenken über Heimat kann also nur, wer sie einerseits nicht mehr lebensnotwendig braucht, andererseits aber ein Bewusstsein von Verlust oder Überwindung entwickelt hat. Wie aber kann so jemand beurteilen, ja nur beobachten, was Nation oder Heimat für jemanden bedeutet, der sie dringend braucht? Die Ambiguität des Gegenstands überträgt sich auf die Beobachtung. Das darf man nicht vergessen.

(Jo, geh weida!) Für jede dieser Identitäten gibt es zwei grundsätzliche Erscheinungsformen (und vieles dazwischen): das Heilige und das Karnevalistische. Das eine ist ohne das andere beinahe nicht zu denken. Oder anders gesagt: Vor allem, zum Beispiel, dem das Karnevalistische zu fehlen scheint oder das nur in einer grotesk-sadistischen Form auftaucht, graut uns so sehr wie uns das, was ganz ohne Heiligkeit und Ernst daherkommt, zu wenig Bindung verspricht. Faschisierung lauert, erinnern wir uns an Adornos Beobachtungen, in dieser Dualität des Derben und des Heiligen, das nach Henri Lefebvre in allem »Populären« angelegt ist, aber zugleich ist es, solange alles gut geht, auch ein Aufheben und Aufschieben der Faschisierung. So mag man das Volksfest, und mehr noch seine mediale Inszenierung, zugleich als Antidot und Vorbereitung des Reichsparteitags empfinden. Den politischen Aschermittwoch als Antidot und Vorbereitung der Propagandarede. Den Lokalpatriotismus als Antidot und Aufhebung von Rassismus. Das Bad in der Menge als Antidot und Vorbereitung des Ornaments der Masse. Die Heimatlichkeit als Antidot und Latenz des Nationalismus. Und so weiter. Der Propaganda öffnet sich damit unter anderem das Instrumentarium ei-

ner Verheimatlichung der Nation und der Nationalisierung von Heimat. Und mehr noch: Machtpolitik realisiert sich unter bestimmten Bedingungen als Folklorisierung der Politik und Politisierung der Folklore. Bayern, zum Beispiel.

II

(San mia eppa mia?) Was Bayern anbelangt, scheint uns indes alles noch um einen erheblichen Anteil mehr nicht verschämt, kommerzpolitisiert und ohne Scheu vor Korruption und Bigotterie als anderswo. Identifikation und Ausverkauf sind dort sehr nahe beieinander. Heimat wird hier so unter Überdruck produziert, dass es oft unheimlich und »peinlich« wird. So entsteht der Mythos im Mythos, nämlich der vom »Echten« (der echten »Volksreligion« gegen die Bigotterie, der echten Volksmusik gegen die volkstümliche Industriemusik, der echten Trachten gegen die Pop-Dirndl und Lederhosen mit Smartphone- statt Hirschfänger-Taschen, des echten bayerischen Dialekts gegen das literarische und mediale Kunstbayerisch usw.), das man leicht vom Nachgemachten, Pop-Industriellen und Touristischen unterscheiden würde können. So als könnte man einen kulturellen Rohstoff rekonstruieren, aus dem die Fabrikation erst das erzeugte, was einem leicht unerträglich wird (und legitimiert nur als lukratives Maskenspiel »für die Fremden«). Das, was schon immer da war, oder jedenfalls lange bevor es eben diese Begriffe gab: Heimat und Nation. Und ihren Widerspruch. Weil dem aber jeder genauere Blick in die Geschichte widerspräche, der belegen könnte, dass »Heimat« keine Verwurzelung bedeutet, die über Besitz und Abhängigkeit hinausginge, sondern im Gegenteil kulturelles Instrument der Modernisierung, so wird auch dieser Blick getrübt. Populäre Geschichtsschreibung in Bayern wird ihrerseits ins Pathetische und ins Folklore-Karnevalistische hinein organisiert; kein Wunder also, dass der bayerische Staat kein Interesse an einer fundamentalen Historie hat, wie sich etwa im Jahr 2016 zeigte, als eine Neufassung von Max Spindlers grundle-

gendem *Handbuch der bayerischen Geschichte* anstand, der Nachfolger Alois Schmid für diese Arbeit aber keine öffentlichen Gelder erhielt und auf einen privaten Mäzen angewiesen war. Zumindest ungewöhnlich für das Land, das so sehr auf eine eigene Identität setzt, gell?

(Hock di hera, nachad san ma mehra.) An Bayern lässt sich wie an kaum einer anderen Region die Fabrikation von Heimat studieren, die vom Gründungsmythos eines »Stammes« der Bajuwaren (den es nie gegeben hat) bis zur alltäglichen *Dahoam is Dahoam*-Schmonzette des Bayerischen Fernsehens reicht. Die Fabrikation von Heimat ist hier so militant, weil sie überdeterminiert ist, zugleich nach innen wie nach außen wirkt, seit zwei Jahrhunderten schon als »touristische« Verkaufsfläche und noch länger als Instrument der *Soft Power* wirkt.

Die Herkunft eines »Volkes« der Bajuwaren liegt vollkommen im Dunkel; da mischen sich Keltisches, Römisches, Syrisches und Armenisches, und das schöne Kuddelmuddel wurde erst in der Christianisierung auf eine Form der »Identität« eingeschworen. Und die Geschichte Bayerns erweist sich als bizarre Abfolge von territorialen Ausdehnungen, Zerfaserungen, Schrumpfungen und wieder von vorn. Ein Fleckerlteppich einerseits, und andererseits ein Pulsieren von Größenwahn und trotziger Reduktion. In seinen geopolitisch besten Zeiten ist Bayern eine »Mittelmacht«, zwischen Großmächten eingezwängt und vom Kleinstaatstatus bedroht. Wenn man mag, kann man in beidem die Wurzeln bayerischer Mythen- und Identitätssucht sehen, dass man kein g'scheites Volk und kein g'scheiter Staat war. Man muss aber nicht mögen.

(Hau eam eine nei, nachad werd er scho no katholisch!) Die bayerische Identität war längere Zeit eher religiös als territorial begründet, auch durch die Versprechungen und Schmerzen einer Säkularisation hindurch, deren Radikalität ebenso als Beweis der Widersprüchlichkeit angeführt wird wie der Umstand, dass der anerkannt reaktionärste Teil der Republik auch Schauplatz der einzigen linken Revolution ist, die diesen Namen verdient. Aus der Religion ist ein allgemeines Empfinden

von Katholischkeit, oder mehr noch von Nichtprotestantischsein, in der kernbayerischen Mythologie geworden, was auch in die »neuen« bayerischen Territorien Franken und Schwaben ausstrahlt, und aus der Gleichzeitigkeit von Revolution und Reaktion der Rechtsanarchist in allerlei Ableitungen und Widerspiegelungen, der königstreue Wilderer, der retromanische Rebell. Franz Josef Strauß, der die bayerische Mythologie über Jahrzehnte verkörperte wie kaum etwas anderes, erschien seinen Bewunderern als Wiederkehr der Wittelsbacher Könige und des Räubers Kneißl zugleich, die perfekte Verbindung des Pathetischen mit dem Karnevalisierten, der (sehr stark) Körper gewordene Widerspruchsmythos von Volk und Herrschaft. Als Durchgangsgebiet blieb Bayern stets auf die Assimilierung von Fremdem angewiesen und musste als »Mittelmacht« zwischen imperialen Großmächten solche Assimilationen zugleich nutzbringend verwenden und verleugnen beziehungsweise im Mythos verarbeiten; als starkes »Hinterland« musste es Modernisierung und Beharrung in Bilder packen, die sich immer wieder als geheime Wahrheit und offene Lüge sehen lassen. Bayern bewahrte als Heimat, was Deutschland als Nation verloren gegangen war. In aller Unschuld, wie man so sagt. Es war nach Faschismus und Krieg zugleich Neuanfang und Kontinuität, Exempel und Ausnahme. Zu verstehen durch eine besondere (Kultur-)Geschichte und die Erfahrung in der Erzeugung von Heimatlichkeit.

(Da Kini und de Wuidara.) Die dunklen Wurzeln aus Migrations- und nomadischen Bewegungen und die Modernisierung als prekäres Königtum zwischen allen Fronten haben die Bayern ihrer Geschichte nie verziehen, weshalb sie schon von daher extrem anfällig sind für Legenden und Mythen, was die jeweiligen Herrscher, die weltlichen wie die geistlichen, weidlich ausgenutzt haben. Denn die Herstellung der Heimat Bayern ist zugleich überaus perfekt gelungen wie durch ihre flachen Wurzeln extrem anfällig. Die Inszenierung von Sitte, Brauch und Heimat ist hier, so viel Dialektik muss sein, so notwendig, weil die Gefahr der »Entwurzelung« größer ist als sonst wo.

Von der Unter- zur Überidentifikation ist es nur ein Fabrikationsschritt; der Mangel wird zum Antrieb. Alles, was manisch produziert und bezeichnet wird, ist Symptom eines Fehlens: Heimat. Der Mangel wird freilich spürbar erst durch die historische Sonderstellung des Landes. Es ist weder eine Nation noch eine Großmacht, aber es ist auch kein »Kleinstaat« im mitteleuropäischen Flickenteppich. Bayern ist eine Mittelmacht, die in ihrer Geschichte immer wieder von Anfällen von expansivem Größenwahn und von reduktionistischem Kleinmut geplagt wurde, von heute noch spürbarer Dialektik von (»nationaler«) Selbstüberschätzung und (»heimatlichem«) Minderwertigkeitskomplex. Bayern musste (extrem) Heimat werden, weil es keine Nation werden konnte. Aber es wurde Heimat in einer Nation und für eine Nation. Eingezwängt zwischen die Großmächte Preußen und Österreich, in ungeliebter Abhängigkeit und mit Allianzen (wie in der napoleonischen Zeit), die kaum in eine große Erzählung zu packen waren und deswegen geradezu manisch ins Episodenhafte aufgelöst wurden. Bayern lässt sich nicht in eine Erzählung packen, deswegen wird es in einer Unzahl von Geschichten aufgelöst. Und auch heute schwankt man hier beständig zwischen einem separatistischen Traum und einer Musterschülerrolle. Ein Vorgang, der seinerseits permanent ernsthafte »politische Erpressung« und folkloristischen Politkarneval miteinander verbindet. Bayern ist zugleich ein stabilisierender und ein störender Faktor im Werden, und, wie es scheint, im Vergehen der deutschen Nachkriegsdemokratie.

(*Ma sagt ja nix, ma redt ja bloß.*) Bayern wurde, wenn es schon nicht die Macht in Deutschland übernehmen kann, zum Modell und zur Avantgarde der Postdemokratie in unserem Land. Die Wittelsbacher verstanden »ihr« München nicht bloß als offene Residenz, sondern immer auch als Muster und Modell für eine »teutsche« Kultur. Die Politik in Bayern will sich immer einmal wieder nach Berlin hin ausdehnen – und muss dabei scheitern. Denn die Seppls mag man dort lieben und in manchem sogar bewundern, regieren lassen möchte man sich dann aber doch nicht von einem oder einer von ihnen. Denn von Bayern gehen zugleich der mächtige Sog der Heimatlichkeit wie der lasche Wind des Provinzialismus aus. Die bayerische Form des Populismus ist zu retroman noch für den rechten Progressismus. Horst Seehofer hat das so ausgedrückt, dass er »eine große Koalition mit dem Volk« anstrebe. Dies ist Vorwegnahme populistisch-autokratischer Herrschaft so sehr wie es Reminiszenz an die Wittelsbacher Form – der Wechsel zwischen glamorös-abgehobenen und folkloristisch-despotischen Schüben – ist. So wiederholt sich in nun nationalem Rahmen die Geschichte Bayerns als Farce, nämlich in den Wellen von Größenwahn und Rückzug der Politiker. Chancen für eine, nun ja, linksliberale Regierung ergeben sich immer dann, wenn sich die »Konservativen« zu sehr bajuwarisieren. Im Mythos mögen dort alte Antagonismen aufscheinen (wie alle Mythen mit einem historischen Wirklichkeitsrest versehen sind: Preußens kannibalistische Gier, Bayern als Vagina dentata für den post-preußischen Nationalstaat), in der politischen Realität nun eben offenbart sich der Widerspruch zwischen Nation und Heimat als Identitätsraum stets aufs Neue. Dass Bayern schließlich nicht allein für sich, sondern zugleich national und gar universal »Heimat« bedeuten soll, ist der Semiotik der Macht so recht, wie es ihrer Praxis zuwiderläuft. Einfacher gesagt: Die Folklorisierung der Politik und die Politisierung der Folklore haben ihre Grenzen in den Geboten der Außenpolitik. Bayern muss für Deutschland mehr oder weniger verborgener Schatz bleiben, das psychopolitische Rückzugsgebiet, das Perpetuum der Entschuldung. Als die Oberste Heeresleitung im Kriegsjahr 1916 einen Propagandafilm in Auftrag gab, der die feindlichen Lügen von einem deutschen Reich in Trümmern widerlegen sollte, da ließen sie Besucher vom Mars den bayerischen Teil der Nation bereisen, in dem offenkundig die Welt noch zivil und vollkommen in Ordnung war. Und als die Integration der Flüchtlinge aus dem Osten nach dem Zweiten Weltkrieg praktisch nur sehr schwer gelang, da verhießen die Heimatfilme Bewährung und Gemeinschaft für die neuen Besitzlosen, und auf dem Oktoberfestzug durften auch die Brüder und Schwestern aus dem verlorenen Osten mitmarschieren, in ihren Trachten. Als die kulturellen Folgen der Wiedervereinigung und die blühenden Gärten als marktwirtschaftliche Kulissen sichtbar wurden, verhießen popmusikalische Verschmelzungen in der volkstümlichen Musik Trost und Heimat. Wieder einmal wurde (bayerische) Heimat zum Pflaster für die Wunden der Nation. Was kommt als Nächstes? Es hat, vermuten wir, etwas mit Digitalisierung, Fake News und Grenzen zu tun …

III

(*Oiwei grod und nachad ummi.*) Der Mythos von »Laptop und Lederhose« in CSU-Bayern vermittelt, dass man den technischen und ökonomischen Fortschritt durchaus bejaht, den sozialen und kulturellen aber strikt ablehnt. Das macht Bayern zu einem Reservoir der politischen Retromanie, aber zugleich zu einem Motor der neoliberalen Postdemokratie. Diese CSU hat von ihrem Urmonster FJS ein Dogma und einen Impuls übernommen. Das Dogma lautet: Rechts von der CSU darf es keine Partei, keine Kraft, eigentlich gar kein Thema geben. Wörtlich heißt dieses Dogma (von FJS formuliert): »Rechts von der CSU darf es keine demokratisch legitimierte Partei geben.« Wenn doch, muss sich die CSU sofort nach rechts breitmachen. Das kann sie gut, da sie sich seit der Entmachtung ihrer in der Tat durchaus sozialen Gründungsgeneration stets nach rechts offenhielt. Wenn jetzt aber doch die AfD auch in Bayern ins Parlament einzieht, dann ist das Dogma gebrochen. Also versucht die CSU nun, den Igel zu spielen und dauernd zu rufen: »I bin scho do«, nämlich eben dort, wo die AfD hinhecheln will. Doch die Heimat wird nun sehr ungemütlich, wenn natürlich noch lange nicht so unbereisbar wie Brandenburg, wo nicht nur Fontane nicht mehr lebt. Zwischen der weiteren Bewegung nach rechts und der Ausgrenzung der ganz, ganz Rechten wird der Weg zur Rekonstruktion des Heimatmythos schwieriger, zumal auch der Machtkampf zwischen Seehofer und Söder Spuren hinterlassen hat. Die Jahre der Wahl waren geprägt von einer Art Endzeitstimmung. Bayern könnte entweder ein ganz normales Bundesland werden oder aber den lukrativen Heimatauftrag für Deutschland verlieren. Eine der Erlösungen kam ausgerechnet vom Vertreter einer (scheinhaften) politischen Konkurrenz, Hubert Aiwanger von den »Freien Wählern«, der, als »Minister für Opfelsoft« liebevoll bespöttelt, immerhin das folkloristisch-karnevalistische Element im Dogma fortführt. Es ist eben nur selten möglich, das Ideal zu erfüllen, nämlich König und Kasperl in einer Person zu sein.

(Geht's auf d'Seitn, Herrschaftszeiten, jetzt kim i!) Und schon zeigt sich neben dem Dogma wieder der Impuls der bayerischen Einheitsregierung. Dieser Impuls sagt nämlich, dass die CSU sich nicht einfach auf Bayern beschränken lassen können darf. Mit diesem Impuls, von Strauß über Stoiber bis Seehofer, handelt man sich indes mit schönster Regelmäßigkeit narzisstische und andere Kränkungen ein. Diese werden mit gleicher Regelmäßigkeit mit einer Drohung des Separatismus, mindestens aber mit einem sturen Obstruktionismus beantwortet, beides wie immer mit einem erheblichen Anteil an politischer Folklore vorgebracht. Das Schauspiel folgt insofern der inneren bayerischen Verfassung, als es trefflich die Dialektik von Größenwahn und Minderwertigkeitskomplex oder, anders gesagt, Welteroberung und Provinzialismus ausdrückt, was einer dieser Ministerpräsidenten in die Formel »Laptop und Lederhose« bringen ließ. Dieser Ministerpräsident, Edmund Stoiber, wurde später sehr populär, weil er sich mit einer gewissen Unbeirrbarkeit in dem Versuch, einfache Sachverhalte zu erklären, dermaßen verhaspelte, dass er zum Schöpfer dadaistischer Sprachkunstwerke über Problembären und Flughafenanbindungen werden konnte. Was wiederum eine typische Fehleinschätzung der CSU und ihrer Protagonisten zur Folge hatte: Sind sie nicht drollig, diese Seppls? Derselbe Herr Stoiber sprach im Jahr 1992 angesichts einer ersten »Flüchtlingswelle« von der Gefahr, es werde eine »durchrasste Gesellschaft« entstehen. Und niemand hat gelacht.

Dies also ist das bayerische Paradoxon: Ein bayerischer Ministerpräsident kann nicht Bundeskanzler werden, weil er in zwei verschiedenen politischen Welten lebt. Genau das, was ihn in Bayern populär macht, macht ihn (es kann irgendwann auch eine Sie sein) für den Rest der Republik inakzeptabel. Ein bayerischer Ministerpräsident muss aber unbedingt Bundeskanzler werden wollen, sonst nimmt man ihn nicht ernst. Was also bleibt? Ein mächtiges Erpressungspotenzial. Das Heimatreservoir der Republik ist demnach zugleich ein beständiger Gefahrenherd für die nationale Einheit. Zwar könnte Bayern schon aus verfassungsrechtlichen Gründen niemals unabhängig werden, aber zur Störung eines nationalen Konsenses reicht es allemal. Die folkloristisch-politische Heimatfabrikation erweist sich daher zugleich als Garant und als Widerstand im deutschnationalen Konstrukt. Was wiederum die Konstruktion des Bayernmythos als Einheit von Konservatismus und Rebellentum unterstützt. Heimat und Nation kreisen umeinander in einem endlos geflochtenen Band.

IV

(*Da wenns't ma ned geh'st mit deim Dulljöh!*) Nach der »Sommerfrische«, die seit dem 19. Jahrhundert in Bayern der Modernisierungserschöpfung besser verdienender Stadtbewohner dient, nach dem Boom der Heimatliteratur und der Heimatfilme in den 1950er- und 1960er-Jahren, die als Trostangebot und Entschuldungsmedien ihren Dienst versahen, kam es in den 1980er-Jahren, verschärft in den Wiedervereinigungsschmerzen, zu einer dritten Erlösung Deutschlands durch bayerische Volkstümlichkeiten. Diesmal lag der Schwerpunkt auf einer speziellen Form von Musik und ihrer medialen Präsentation.

Wenn eine soziale Erfahrung verloren geht, entsteht eine unerfüllbare Sehnsucht, ein hungriges Loch in der Seele. Das will gefüttert werden. Da es das Volk als konkrete soziale Erfahrung und tragfähigen Mythos nicht gibt, wird es, links wie rechts, klug wie dumm, endlos neu erfunden, beschrieben und gefeiert. Die Frage ist also nicht mehr, wie tümlich das Volk sei, sondern umgekehrt, wie viel Tümlichkeit benötigt wird, damit sich Menschen in praktischen Allzweckhallen, in der radiobeschallten Küche und vor dem Fernseher als Volk fühlen dürfen. Das Zusammenwachsen der beiden deutschen Gesellschaften hat als gemeinsame Kultur nur eben dieses Volkstümliche hervorgebracht, und umgekehrt war das Volkstümliche seit geraumer Zeit die Prophetie eines neuen Deutschlands, eines Deutschlands, das noch weit über die »wiedervereinigte« Bundesrepublik hinausgeht. Das Herz dieser Kultur der großdeutschen Volkstümlichkeit ist das, was man »Volksmusik« getauft hat. In Wahrheit handelt es sich dabei um ein völlig neues Musikgenre, das aus Fragmenten von Folklore, von Marsch- und Militärmusik, vom deutschen Schlager, von internationaler Popmusik, von Touristenjodlern und Stubenmusi und von bestimmten Produktionstechniken entstand. Diese »Volksmusik« hat insbesondere in den Alpenregionen der Republik und in den Nachbarländern eine lange Tradition; eine gleichsam unterirdische Geschichte ist von der Nachkriegszeit bis zur medialen Explosion des Genres in den 1980er-Jahren zu verfolgen. Die »Volksmusik« mit ihren betont schlichten Botschaften und Melodien (beides im Gegensatz zu dem, was man »authentische« Volksmusik nennen könnte, nämlich eine Musik, in der Anliegen und Aussagen perfekt und »subversiv« verborgen werden) entwickelte sich schon im und neben dem deutschen Heimatfilm der 1950er-Jahre zu einer touristischen Attraktion, wurde Teil einer blühenden Souvenirindustrie als damals bedeutendem Bereich der Sinnindustrie. Die Grenzen zwischen der bieder oder besessen betriebenen Pflege der »echten« Volksmusik und der touristischen Jodlerfolklore waren zu dieser Zeit noch fließend, der Konflikt freilich zeichnete sich bereits ab. Man einigte sich schließlich auf ein geregeltes Nebeneinander; der Bayerische Rundfunk unterhielt zwei unterschiedliche Abteilungen, die eine für »Volksmusik«, die andere für »volkstümliche Musik«. Der Berufsjodler im touristischen »Heimatabend« und der Ethnotraditionalist versuchten damals, einander nicht ins Gehege zu kommen.

Im Fernsehen hatte das Genre einen Nischenplatz und war vor allem als Seniorenprogramm ausgewiesen. Es war ein eher heimlicher Markt, und dass die Original Oberkrainer und der Jodelkönig Franzl Lang zu Beginn der 1970er-Jahre mehr Schallplatten verkauften als die Rolling Stones, schien eher eine bizarre Nachricht für den kulturellen Generationenkampf. Den eigentlichen kulturellen Siegeszug konnte die »Volksmusik« erst antreten, nachdem der deutsche Schlager sein Publikum, vor allem das jugendliche Publikum, weitgehend verloren hatte. Die nationale Popmusik verlor gewissermaßen ihre Mitte; der deutsche Schlager teilte sich in einen »volkstümlichen« und in einen »rockigen« Teil, die freilich dann im (österreichischen wie bayerischen) Alpenpop und »Volksrock« zu Beginn des neuen Jahrhunderts zu einer erneuten Melange wieder zusammenkamen. Heute nennt der Bayerische Rundfunk das »Heimatsound« und bezeichnet damit sehr unterschiedliche Spielarten der populären Musik, die irgendeinen Bezug zur »Von-Hierheit« haben.

Mitte der 1970er-Jahre indes wurde die »Volksmusik« für das Fernsehen entdeckt, und es entstand die Sendung *Lustige Musikanten* als Matrix für eine Inflation von Hitparaden, Stadel und Grandprix der volkstümlichen Musik. Mastermind hinter dem Volksmusikboom war ein Promoter, der auch schon im deutschen Schlager das Sagen hatte: Hans R. Beierlein. Er ging von zwei Strategemen aus: Die »Volksmusik« musste erstens »jünger«, das heißt, nicht nur von den alten akademischen Vertretern gesäubert werden, die in ihr eine Art *Oral History* sahen und die mit dem Aufnahmegerät übers Land zogen, um alten Bauern die Erinnerungen an ursprüngliche Weisen zu entlocken, *Field Recording* also für eine Neuentdeckung der Gstanzl und anderer Singweisen als Blues des Alpenlandes, möglichst widerspenstig und eigensinnig. Außerdem musste sie ein neues Klangdesign erhalten, in dem Elektronik eine wichtige Rolle spielt. Die Volksmusik wurde produktionstechnisch extrem verschärft. Und zweitens erkannte der Promoter: »Die Volksmusik hat keinen Zugang zu den Medien.« Mit der Etablierung des *Grand Prix der Volksmusik* im Samstagabendprogramm des ZDF gelang Beierlein 1986 der große Coup. Immer neue Sendungen initiierte er und sicherte sich zugleich die Rechte an den Darbietungen. Beierlein hatte die meisten Künstler des Genres unter Vertrag. In seinem *volksmusik-telegramm* lieferte er den ideologischen Überbau. Hier wurde auch die Auseinandersetzung mit den beiden Feinden des Genres geführt, mit allem, was als »kritisch« und »intellektuell« bezeichnet wird, und mit den grantigen Vertretern einer »authentischen« Volksmusik und noch mehr mit der Verbindung von beidem. Hier ließ Beierlein Koryphäen wie den Hamburger Professor Hermann Rauhe, Präsident der Hamburger Hochschule für Musik, Lieder wie »Patrona Bavariae« als Kunstwerke eines neuen »Geborgenheitsangebots« und das Genre als »gemeinschaftsstiftend, sinnstiftend« preisen; für 200 D-Mark für vier Ausgaben (ein Haufen Geld, damals) konnte man auch erfahren, dass die »Volksmusik« die »Entwicklung eines gesunden Nationalgefühls« fördere. Und wieder schließt sich ein Kreis zwischen bajuwarischer Heimat und deutscher Nation.

Die »Volksmusik« wurde zum Werbeträger und Vermittler par excellence, vor allem aber zum optimalen Sound für den Wiedervereinigungstanz. »In der Volksmusikszene ist Deutschland bereits ein einig Vaterland«, ließ Beierlein bereits vor der Wiedervereinigung verkünden, und danach: »Die Deutschen leben in einem Rausch von Festen; das ist die reinste Orgie.« Und auf den Volksfesten, Straßenfesten, Stadtteilfesten, Trachtenfesten, Schützenfesten wird »gesoffen, gefressen, geplaudert und gesungen«. Hier tut sich der Urgrund der »Volksmusik« auf: »Die Nation hat den Wunsch, fröhlich zu sein und zu lachen« (Beierlein). Der Heimatsound aus Bayern, der das Zusammenwachsen der Nation begleiten sollte, war nie unschuldig. Und auf die Subversion gegen Obrigkeit und Kirchenmoral folgte hier die Subversion gegen Demokratie und Liberalismus.

Ein Drittel der »Volksmusik«-Fans, so ergaben Marktforschungen, war zur Wendezeit in den neuen Bundesländern zu Hause, und ist damit eindeutig überrepräsentiert. Als sich am 9. November 1989 die Mauer öffnete, waren innerhalb kurzer Zeit im Umkreis von 100 Kilometern alle Schallplatten des Naabtal-Duos ausverkauft. Der *Musikantenstadel* erzielte nach der Maueröffnung in der Noch-DDR die Einschaltquote von 70 Prozent. Der Rausch verging, die volkstümliche Musik durchlief, wie das mediale Heimatangebot überhaupt, neue Transformationen, einschließlich der des Umschlags in Nazi-Musik (»Zillertaler Türkenjäger«).

Den Rechtsruck der kommenden Jahre nahm dieser bizarre alpenländische Heimatsound jedenfalls heftig vorweg: Die »Diva der Volksmusik«, Uschi Bauer, reimte mit ihrem Mann (der stolz darauf war, als ehemaliger Polizist die »Nöte des kleinen Mannes« zu kennen) über den Fall der Mauer vom »blauen Himmel überm ganzen Land – und unter bunten Regenbogen reichen wir uns brüderlich die Hand«. Schwestern gibt's nicht, dafür aber zeigte Uschi Bauer ein besonders tief ausgeschnittenes Dirndl. Ihr Mann erklärte den Erfolg der »Volksmusik«: »Die Leute sind unzufrieden mit der Situation. Überall Asylanten und Amerikaner!« Und hellsichtig fügte er hinzu: »Der Schönhuber, der macht mit dem Deutschtum Geld. Genau wie die Volksmusik.« In der Volksmusik und den medialen Räuschen der heimatlichen Geborgenheiten lernte die Nation, was man doch einmal sagen dürfen müsse, und sie lernte, die Grenzen der nationalistischen, sexistischen und xenophoben Sagbarkeiten auszutesten. Die mehr oder weniger alpenländische Heimat-Popkultur in den 1980er- und 1990er-Jahren war das Experimentierfeld der neonationalistischen und neurechten Semantik in der Berliner Republik. Kaum eines der AfD- und Pegida-Meme (einschließlich der Bezeichnung aller Kritik als »Nazi-Kulturpolizei« oder »Kriegscommuniqué wie von Saddam Hussein« – so Beierlein über den eher moderaten Einspruch gegen sein popkulturelles Flechtwerk), die nicht damals schon zumindest rudimentär geprägt wurden, mit dem Segen der öffentlich-rechtlichen Sendeanstalten und unter den halb geschlossenen Augen der kritischen Publizistik.

Freilich musste sich Bayern in diesem Ge- und Missbrauch von Mythos und Ikonografie selbst ausgesprochen unheimlich werden. Ein »anderes Bayern« erhob Einspruch und tut es bis heute: »Dahoam is *net* dahoam« postuliert etwa der Sänger Georg Ringsgwandl. Was für die politische Dimension des Heimatdispositivs aus dem Süden galt, das galt nicht weniger für die sexuelle Dimension. Die erfolgreichsten Vertreter der Volksmusik widersprechen ganz offenkundig und offenkundig bewusst den Schönheitsidealen aus den letzten Jahren der Moderne. Sie erscheinen als volkstümlich barock, und neben dem Politischen und dem Bigotten (»Ave Maria der Berge«) kommt das Obszöne zu seinem volkstümlichen Recht. »Wenn's Arscherl brummt, ist's Herzerl g'sund«, solche Sprüche hängen als Humorsouvenir in der Bürotoilette von Wanne-Eickel, und die »Volksmusik« liefert den Sound dazu. Volkstümlichkeit und Heimatlichkeit sind Legitimationsmasken, und mehr als die politische stößt die sexuelle Maskerade noch auf Widerstand: Für Franz Mayrhofer von der Münchner Schule für Bairische Musik ist die neue Volksmusik »richtig prostitutiv«. Schließlich habe gerade das Jodeln stets eine erotische Konnotation, weshalb auch das Fernsehen ganz ohne die requirierte Unschuld die molligen dekolletierten Jodlerinnen zeige, »die mit ihren Dampfnudeln ganz schön drauf sind«. Unheimlich genug das alles, damit Stars der volkstümlichen Musik in den Heimatkrimis des neuen Jahrhunderts nur reihenweise ermordet werden können. Und in diesem mehr oder weniger neuen Genre wird denn auch eben dies verarbeitet: Dass die Heimat durch ihren politischen Gebrauch unheimlich geworden ist und die Sehnsucht nach ihr dringend einer Reinigung bedarf, durch Mord und durch seine Aufklärung. Nach ihrer Schändung ersteht die Heimat hier neu. Als Tatort.

V

(*Ma kennt se am G'wand.*) Heimat wird konstruiert als Narrativ, als Ikonografie, als Ritual und als Diskurs. Die Kräfte, Interessen und Strukturen, die dabei eine Rolle spielen, lassen sich in einer nicht ganz unkomplizierten Grammatik beschreiben. Das Entscheidende dabei ist vermutlich, dass sich darin ein Tausch abspielt zwischen Herrschaft und Volk, Regierung und Regierten, Besitz und Arbeit. Beide Seiten müssen etwas davon haben: Den oberen wird das Regieren und die Akkumulation leichter gemacht, die unteren erhalten eine Erlaubnis, ein Spielfeld, eine Wertschätzung. Die Heimat, so lässt es sich vielleicht sagen, lässt ihre Menschen sichtbar werden, und stolz auf ihre Sichtbarkeit. Die Schlüsselrolle für diese heimatliche Sichtbarkeit kommt den Gewändern zu.

Das Dirndl als Allgemeintracht entsteht erst im 19. Jahrhundert, die Lederhose wird noch später ihren Siegeszug antreten. Es ist ein Konstrukt der bürgerlichen Sehnsüchte, und das bleibt bis heute so, da sich ohne Dirndl und Lederhosen niemand auf eines der großen Volksfeste im Süden traut, eine Art Uniform des angepassten Hedonismus. Die Sexualität und die Derbheit, die auch im Film an die »heimatliche« Erlaubnis gebunden war, setzt sich in der Praxis fort. In Dirndl und Lederhosen ist mehr erlaubt als ohne sie, die Karnevalisierung der Tradition ist mit der legalisierten Form von Obszönität als Heimat der Sinnlichkeit verbunden. Damals wie heute erscheint dabei einiges als unfreiwillig komisch oder auch konfliktreich, ein Missverständnis ist da leicht geschehen. Dass man sich auf »jahrhundertealte Sitten« beruft, ist einer der Mythen, die hier wider besseres Wissen gepflegt werden. Man muss sich nur Fotografien aus dem ländlichen Raum anschauen, um zu wissen: Weder wurde vor der zweiten Hälfte des 19. Jahrhunderts in solch einer Tracht unter Bauern geheiratet (vom Rest der Landbevölkerung ganz zu schweigen), noch gehörte sie ursprünglich zu den Festlichkeiten. Doch es bedurfte der Tracht, wo der Zusammenhalt (sagen wir: die viel besungene »Dorfgemeinschaft«, die der Städter ja so liebt) durch Ökonomie, Religion und Obrigkeit allein nicht hergestellt werden konnte. Vielleicht ersetzt der Trachtenverein ja die Gemeinschaft, die als Praxis an Besitzverhältnissen und Profitinteressen, an Klassenunterschieden, Standesdünkeln und Machtverteilungen, kurz am Diridari scheitern muss.

Wenn es überhaupt so etwas wie eine Genealogie der Tracht gibt, so ist es eher eine volkstümliche Parodie vergangener Herrschaftskleidung. In der Tracht verkleidet man sich in Codes der feudalen Herrschaft und identifiziert sich mit ihr. Die Tracht, Dirndl und Lederhose, sind mithin das genaue Gegenteil von »Volk« und »Heimat«, nämlich die Übernahme von etwas, das sowohl jenseits der eigenen Klasse als auch jenseits der eigenen Region zu finden war. Aber natürlich wird dieser Code immer auch den eigenen Bedürfnissen angepasst. Der gewiss vollkommen unsinnige Versuch, sich in der Kleidung von einem Stadtbewohner zu unterscheiden, wird einerseits durch die Erwartung der urbanen Feriengäste, andererseits aber durch das Herrschaftsinteresse der Fürsten selbst erzeugt: Die Mode einer bestimmten Zeit und mit bestimmten Interessen und Bedingungen, die eigentlich so vergehen müsste wie alle anderen Moden auch, wird zu einem bestimmten Zeitpunkt kanonisiert und mit dem Dogma bedacht, so und nicht anders sei Kleidung dazu angetan, Identität in Zeit und Raum her- und darzustellen. Diese Kanonisierung und Fetischisierung wurde aus politischen und ökonomischen Gründen vorgenommen. Das aber wiederum konnte nur geschehen, weil die Tracht und das dazugehörige Inszenieren einem ganz bestimmten Körperbild entsprachen. Die Lederhose beschreibt Männlichkeit, wie das Dirndl Weiblichkeit beschreibt in einem distinkten Verhältnis von Betonung und Enthüllung. Hier wurde Sexualität wieder Natur, hier kam der Körper an die frische Luft.

Der bajuwarisierte Frauenkörper von »barocker« Fülle hatte seine Vorläufer in den Juxpostkarten aus dem Ferienland, und weckte schon immer die Erwartungen, die der urbane und »protestantische« Frauenkörper nicht erfüllen durfte. Der Lederhosenmann war eine derbe Verführung, die nicht angekränkelte Sexualität, das »Hosentürl« ein endloser Quell der Zotenlust. Heimat auch hier als Heterotopie der Regression. Neben dem Reaktionären scheint das Vulgäre als Heimatprodukt aus dem Alpenvorland ein semantisches Monopol zu besetzen.

Die Parodie der höfischen Mode durch die Bauerntrachten (Ausdruck einer ländlichen Überschussproduktion zu bestimmten Zeiten, in denen einerseits landwirtschaftliche Produktion von gestiegener Nachfrage bestimmt war, sich andererseits aber auch ein gewaltiger und gewaltsamer Verdrängungs- und Konzentrationsvorgang abspielte – begünstigt durch eine patriarchale Erbschaftsregelung, die für ein Wachsen der Höfe und ein Weichen der Kleinbauernschaft, in anderen Gebieten aber einen auch kulturellen Kampf der Gewinner gegen die Verlierer geprägt war) wurde demnach im 19. Jahrhundert ein probates Mittel, Reichtum und Status auszudrücken (etwa verheiratete von ledigen Frauen zu unterscheiden für die Regeln der sexuellen Ökonomie), eine Fortsetzung des ländlichen Konkurrenzkampfes. Die Sprache der Tracht erwies sich (und erweist sich noch heute) als ökonomischer, sexueller und politischer Code: Daran in der Tat hat sich seit nunmehr zwei Jahrhunderten nichts geändert, dass sich in der Tracht eine Elite der ländlichen Mittelschicht zugleich erkennt (abgrenzt von denen, die nicht dazugehören können oder wollen) und durchlässig macht. Einmal mehr versichern sich Volk und Obrigkeit, ökonomische und politische Elite und ihre Gefolgschaft einander ihre Loyalität und ihre Abhängigkeit. Wo diese Zugehörigkeit endet – vielleicht schon beim Gebrauch von offensichtlich von C&A oder H&M stammenden Dirndlanmutungen, oder bei queeren Lederhosenfarben –, das ist eine in der Praxis auszuhandelnde Differenz. Jedenfalls ist das Tragen von Dirndln und Lederhosen nach wie vor zugleich Zugehörigkeit und Distinktion, die Definition eines sozialen Ortes und die Einschätzung auf dem Heirats- oder auch nur dem Sexmarkt. Und natürlich ist es ein erneuerter Übertragungs- und Aneignungsvorgang. Heimat als Mythos, Heimat als Zeichen, Heimat als Ware.

Es war Max Joseph, der erste König von Bayern, der unter französischem Schirm den bayerischen Herrschaftsbereich wieder einmal etwas ausbreiten konnte, vor allem in den Gebieten des Fränkischen und des Schwäbischen, und zum ersten Mal geht es wohl nicht mehr einfach um das territoriale Besitzen, sondern um die Formung einer politisch-kulturellen Einheit. Und damit ist die religiöse Identität nicht mehr allein entscheidend, denn es geht nun auch um protestantische Gebiete. Es muss also etwas anderes her, um dieses Gebiet zu einen, und das liegt in einer gemeinsamen Symbolik, einer gemeinsamen Erzählung (im Episodischen), einer gemeinsame Ritualität. Ein gemeinsames Brauchtum wird nach Kräften gefördert und manchenorts auch durchaus mit Zwang und struktureller Gewalt durchgesetzt. Die Feste wie das

Münchner Oktoberfest dienen der Obrigkeit dazu, Symbole, Riten und Begriffe durchzusetzen; die Wittelsbacher ließen das Volk – übrigens besonders gerne auch die Kinder – in einer strukturierenden Parade zur Obrigkeit hin »Heimat« dramatisieren. Als Deutschland in den 1950er-Jahren erst um die Wiederbewaffnung rang, entwickelte der Heimatfilm eine besondere Vorliebe für solche Paraden von Blasmusik und Trachtengruppen, was sich noch einmal 20 Jahre später in der Welle der volkstümlichen Musiksendungen des Fernsehens wiederholte, als man sich offensichtlich nicht sattsehen konnte am »Einmarschieren« dekonstruierter Trachtenkapellen. Im nächsten Schub nun ist man nicht mehr allein Zuschauer der volkstümlichen Heimatinszenierung und dem mehr oder weniger orgiastischen Kurzschluss zwischen Volk und Herrschaft, sondern wird selber zum Teil der Inszenierung; der Mensch ist nun Träger einer Art Subjekttracht, die neben der sexuellen, sozialen und politischen Identität auch die »Person« ausdrücken soll – und sei's in den üblichen konform»wuiden« Crossovers wie Trachtenjanker und Bluejeans oder Minirock-Dirndln mit Sneakers. Liberale Heimatpfleger sehen dies als ironische Freiheit an, man könnte es natürlich auch als Neoliberalisierung des Heimatcodes betrachten. Der höchste Distinktionsgewinn besteht jedenfalls in »Designertracht« , der zweite in einer Form von »Nobeltracht« bestimmter Ladenketten, und ganz am Ende steht der eher lächerliche Versuch, sich mit Billigware doch noch einen Zugang zum Rausch der Bayerlichkeit zu verschaffen. Heimat war noch nie für alle da, und schon gar nicht für alle gleich.

(Jetzt schau ma fei g'sund aus!) Unter Max Joseph also wird die »Regionaltracht« erfunden, und von der Obrigkeit verordnet, die so etwas wie eine Einheit in Vielfalt zu demonstrieren hätte. Die Heimat Bayern wird paradoxerweise durch einen Metacode geschaffen (die Tracht an sich) und durch eine fast schon unendliche Auffächerung in – vollkommen künstliche – Regionaltrachten gefestigt. Weil die Tracht immer zugleich Zugehörigkeit und Differenz signalisiert, wird sie nie als Unterwerfung betrachtet, und weil sie stets nach Anreicherung verlangt, nie

als Reduktion. Der Trick scheint simpel, aber diese Gleichung von Herrschaft und Volk lässt sich wohl nur in einer spezifischen Geschichtlichkeit so (scheinbar) reibungslos verwirklichen. Das Landvolk sah sich durch die Tracht, die Aufmerksamkeit der Obrigkeit, extrem erhöht. Man wurde sichtbar. Man war wer. Man konnte sich unterscheiden, horizontal wie vertikal. Man konnte sich ausdrücken (oder man wurde ausgedrückt). Durch diese Kodifizierung unterschied sich der bayerische Bauer nicht nur von allen anderen Bauern, sondern geriet in einen Rausch der Sichtbarkeit. Er liebte die Obrigkeit, weil diese gezeigt hatte, dass sie ihn liebt. Die gemeinsame Inszenierung von Heimat war der Ausdruck dieser Liebe, und diese Liebe zwischen Obrigkeit und Volk wurde wiederum zum Exportgut und zum Standortvorteil. Die Beziehung zwischen dem Volk und der Obrigkeit basierte nun also weder auf dem Prinzip der Vernunft noch auf dem der Interessen. Daher konnten und können in Bayern die größten sozialen Ungleichheiten und die größten Unsinnigkeiten von Herrschaft und Regierung vorkommen, ohne dadurch dieses Prinzip der Liebe (der gegenseitigen Sichtbarmachung) infrage zu stellen. Nur der König, nur der Politiker hat hier ernsthafte Schwierigkeiten, der nicht glaubhaft machen kann, dass er das Volk liebt und von ihm geliebt werden will, auch wenn die Beziehung ansonsten weder von Moral noch von Vernunft geprägt ist. Dazu gehören auf der einen Seite die Narren – das bayerische Kabarett vergisst beim »Derblecken« der Obrigkeit selten, mit zu inszenieren, wie sehr alle Kritik aus diesem Geist der (Heimat-)Liebe gespeist wird – und auf der anderen Seite eine gewisse (vor allem, aber nicht nur) ökonomische Liberalität. In den gemeinsamen Codes von Herrschaft und Volk lässt man sich gegenseitig allerhand durchgehen (»leben und leben lassen«), solange es nun eben nicht gegen den Code selber verstößt. Selbst die radikalsten Antibayern, sagen wir Herbert Achternbusch, dienen dem Bayerntum, indem sie an der Sichtbarmachung, an der Besonderheit Bayerns mitarbeiten. Und umgekehrt dient in diesem rituellen Bündnis, das Regierung, Ökonomie und Volk als Heimat zusammenbringt, jede Kritik von außen nur als Beleg der Besonderheit.

(Des is genau a so wia ... irgendwos anders.) Die Arbeit an der eigenen Sichtbarkeit, die mit den Trachtenvereinen und den Festen unter Max Joseph begann und seitdem mit wechselnder Intensität fortgesetzt wurde, führte sozusagen automatisch zum Empfinden der Besonderheit. Diese Besonderheit freilich musste nicht um jeden Preis als »Besseres« oder »Erstes« daherkommen; der Rückbindung an eine Fake-Tradition entsprach die Rückbindung an einen Fake-Konservatismus. Die Rückständigkeit Bayerns ist ein paradoxer Teil der Codierung, so wie das Schloss Schwanstein von Ludwig II. als äußere Erscheinung wahrscheinlich alle möglichen Formen feudaler Vergangenheit als Illusion zusammenbringt (eine gebaute Tracht sozusagen, architektonische Behauptung von nie gewesener Geschichte), im Inneren aber ein wahres Wunderwerk zeitgenössischer Technologie hätte werden sollen. Was Energieversorgung, Elektrifizierung und Haushaltstechnik anbelangt, war man der Zeit so sehr voraus (oder hätte es werden sollen, wenn man nicht so rüde unterbrochen worden wäre), wie man ihr im Äußeren hintendrein war. Wieder eine Metapher für das Funktionieren des bayerischen Modells. Mit BMW, der Ludwig-Maximilians-Universität oder dem FC Bayern ist man hier nicht auf eine Art verbunden, wie sagen wir die Zechen mit den Menschen im Ruhrpott oder Opel mit Rüsselsheim verbunden waren, nicht durch Fleiß und Alltag, sondern, wieder einmal, in der Form der Ritualität, im Diskurs des Sichtbarmachens. Die Distanz zwischen Oben und Unten, Elite und Volk, Arm und Reich, Herrschaft und Alltag kann hier viel größer sein als anderswo, die Beziehungen abstrakter, kodifizierter, woanders könnte man wohl sagen:»seelenloser«, aber das Ritual der Sichtbarmachung ist bedeutender als jeder Widerspruch. Genauer gesagt: Der Widerspruch wird zum Teil der Sichtbarmachung. Daher ist es verständlich, warum es nur hier einen Karl Valentin geben konnte, aber genauso verständlich, dass sich nur linder Widerstand dagegen erhebt, dass ein völkischer Lederhosen-Faschist aus Österreich mit einem Karl-Valentin-Orden ausgezeichnet wird.

Ludwig I. setzte die von Max Joseph begonnene Folklorisierung der Politik auf eine narrative Weise fort: In jedem Kreis, in jeder Stadt ließ er »historische Vereine« gründen, die eine bayerische Geschichte, mehr noch: eine bayerische Art von Geschichte pflegen sollten. Neben der ländlichen Bevölkerung, die jetzt mit Trachten und Brauchtum beschäftigt war, band er nun auch die untere und mittlere Intelligenz und das Bürgertum in die Produktion von Heimat ein. Da kann der Thronfolger eine preußische Prinzessin heiraten, es wird in der Tracht (wieder auf dem Oktoberfest) und in der Narration bajuwarisiert, also in Symbolen und Riten aufgehoben. Damals gab es eine Massenhochzeit mit lauter Brautpaaren in Tracht. Die entsprechenden Brautpaare mussten durch ein von den Bezirksregierungen vorgegebenes Design ein gesamt- und regionalbayerisches Bild erzeugen, in dem die preußische Prinzessin in den bayerischen Gesamtkörper integriert wurde.

Zum zweiten Mal wurde dies als neue Identifikation von oben erfunden, zur gleichen Zeit aber trennten sich reale und symbolische Kleidung noch mehr voneinander ab. Anders gesagt: Die Tracht im Allgemeinen und die von oben designte Regionaltracht im Besonderen konnten ihren politischen Gehalt kaum noch verbergen. Der Preis der Sichtbarkeit war selber sichtbar geworden. Und es begann eine »wilde« Auseinandersetzung zwischen den Kräften der Normierung und den Kräften der Modifizierung.

Die Modifizierung, so viel war klar, kam in aller Regel von außen, von reisenden Händlern, aber auch von den Städten. Um also die Liebesgeschichte und Sichtbarkeit zwischen Herrschaft und Volk aufrechtzuerhalten, musste eine Abwehr gegen alles »Fremde«, gegen alles »Städtische« und gegen alles »Neumodische« organisiert werden. Und auch diese Abwehrhaltung wurde schließlich in Ritus und Narration übernommen, als »typisch bayerisch«, als »Mentalität«, als Teil der Brauchtümer. Das war nicht ungefährlich, denn das, was Bayern einst geschaffen hatte, konnte sich nun als Fortschrittsbremse oder auch als gefährliche Spaltung offenbaren. Ganz abgesehen davon, dass das Fremde, das Städtische und das Neumodische ja auch dringend gebraucht wurden. So entfaltete sich sozusagen natürlich aus diesem Widerspruch die schizophrene Haltung, die Sichtbarkeit zu spalten in einen äußeren und einen inneren Teil, einen theatralen Akt für die Fremden und einen symbolischen Code für den inneren Zusammenhang.

Aus dem Hang und Zwang zur Ausformung einer Trachtensprache entstand nebenbei eine publizistische Tradition. Die sogenannten »Trachtenblätter« kanonisierten als weitverbreitete Druckware die Regionaltrachten, waren aber zugleich begehrter Schmuck für städtische Bürgerwohnungen. Der Rückkopplungseffekt war vorgegeben und wirkt bis heute nach; der erste Preis für das Sichtbarwerden (als Bayer, als ländliches Volk, als unterschiedene Person) war eine Unterwerfung unter den Willen der Obrigkeit, der zweite Preis indes eine ständige Verwechslungsgefahr mit dem Bild, das sich andere von einem machten. So entstand jener Bayer, der sich mit seiner eigenen Stilisierung verwechselt, mit seinem symbolischen, touristischen und durchaus karnevalisierten Abbild. Weiter entfernt von sich selbst kann ein Mensch in Bayern kaum sein, als wenn man ihn als einen »Urbayern« ansieht. Im »Urbayern« haben sich der Fake-Mythos und die Fake-Ikonografie so sehr mit der Lebenspraxis und der Wahrnehmung verknüpft, dass man sie nicht mehr auseinanderhalten kann, ein wenig so, wie wenn sich ein Cowboy-Darsteller (auch ein Repräsentant einer Vergangenheit, die es nie gegeben hat) auch daheim mit einem Cowboy verwechselt.

Es fehlt noch eine zentrale Gestalt, die von König Maximilian II. 1850 in Gestalt der »Bavaria« über der Theresienwiese errichtet wird. Knapp zehn Jahre später wird ein »Bayerisches Nationalmuseum« in München gebaut; 1853 ergeht ein königlicher Erlass, der die »Förderung der Nationaltracht« zum Inhalt hat. Und auch sonst wird alles getan, um die Grenzen zwischen dem Heimatlichen und dem Nationalen durchlässig zu machen. Maximilian II. zeigte sich öffentlich gern in einer stilisierten Jägerjacke, dem Vorläufer des »Jankers«, den es bis heute in noblen und weniger noblen Formen gibt und sozusagen die sanfteste Form der Identitätskleidung darstellt. Ähnlich verhält es sich mit den von den Wittelsbachern bevorzugten »Jagdhüten«: Sie haben die Kleidung nobliert, die ihre Jagdgehilfen trugen. Ein Dresscode verbindet die Herrschenden mit den Beherrschten, in dem das Verwurzelte (die

»Regionaltracht«) und das Archaische (die Jägerkleidung) mit dem Ständischen (die Zeichensprache) verbunden sind.

Allerdings ist man immer noch von einem Gesamtbild entfernt. Immer noch trugen eher die Bürger die Bekenntniskleidung der Tracht und der »Jagdmode«, die wirkliche Kleidung im Land hat damit nur wenig zu tun. Stattdessen gibt es gerade für die Arbeit Hosen, die schon ziemlich genau die Jeans vorwegnehmen, die bald darauf in den USA zur Arbeitskleidung werden. Die Wirklichkeit der Modegeschichte dreht also den Mythos auf den Kopf: Nicht die Jeans, sondern die Lederhose ist eigentlich fremd, städtisch und neumodisch. Die Lederhose ist auch nicht praktisch für ein Klima, in dem Regen und Schnee nicht gar so selten sind. Es sind die feudalen Jagdherren, die solche Beinkleider tragen. Und die Lederhose ist schließlich alles drei: Aneignung eines feudalen Symbols, Ausweis der im Jägersein aufgehobenen männlichen Vitalität und schließlich Statussymbol – denn so ein im allgemeinen Leben eher unpraktisches Ding muss man sich erst einmal leisten können. Als dieses Dreifachsymbol wird es immer mehr »notwendiger« Teil der Tracht (und der Distinktion schon von Kindesbeinen an: Die kurze Lederhose setzt sich bis nach Berlin als akkurate Kleidung für »Lausbuben« und solche, die es bleiben wollen, durch). Frauen in Lederhosen gibt es nur als frivole Provokation.

Die Identitätskleidung wird beibehalten, nachdem Bayern im Kaiserreich aufgegangen ist, oder eben doch nicht ganz. Denn man muss sich mit den zwei anderen Identitätsformen des *Nation Building* arrangieren, der Vernunft und dem Interesse. Etwas fehlt. Die »Liebe zur Heimat«, die zugleich konstituierend für die deutsche Nation war (wenn zwar als Seitenstück), blieb ein zentrales Stück dieses Aufgehens, das seinerseits eine lange Geschichte hat. Die späten Wittelsbacher wussten nur zu genau, dass sie um das »Teutschsein« nicht herumkommen konnten. Und Bayern hat den unglücklichen Ludwig III., der so lange und vergeblich um Fortbestand und Rest bayerischer Souveränität kämpfte, einfach vergessen. Es gibt, historisch wie ästhetisch, mythisch wie ideologisch, ein schwarzes Loch zwischen Bayern und Deutschland.

(Oans wia's ander.) Sichtbarkeit als Element der *Soft Power*, Regierbarkeit als Belohnung für das Recht auf Sichtbarkeit, das ist das Geheimnis des bayerischen Sonderwegs, so wie die Durchsetzung der nationalen durch die heimatliche Identität. Nun freilich hat Sichtbarkeit (oben wie unten) auch einen kleinen Nachteil. Denn die Sichtbarkeit kann man auch als Vorstufe der Durchschaubarkeit ansehen. Das ist die Geschichte von des Kaisers neuen Kleidern auf der einen Seite, und das sind die Geschichten vom angewandten Bazitum (von der Akzeptanz unfairer, betrügerischer und manipulativer Techniken in Alltag und Beruf unter dem Motto »A Hund is er scho«) auf der anderen.

VI

(Heute original Watschntanz.) Noch einmal, nach dem Zweiten Weltkrieg, wurde die Tracht schließlich nach dem sozialen wieder zu dem politischen Code, der ganz gezielt gegen »die Fremden« im Land eingesetzt wurde und der zugleich als Attraktion für diese Fremden diente. Erneut musste dabei ein Akt der kulturellen Spaltung vollzogen werden. Eine äußere und eine innere Sprache, die nach wie vor im »Trachtenverein« und ähnlichen Organisationen gepflegt wurde. Hier wurde die Paradoxie unternommen, etwas festzuhalten, was gerade Ausdruck des Wandels war. Das Musealisierte wurde ausgerechnet zum Ausdruck des »Echten« verklärt, das Organisierte zum Natürlichen, das Design zur Tradition, das Verordnete zum Authentischen, der Ausdruck der Herrschaft zum Ausdruck des Volkes. Das hat Geschichte. Vereinsgeschichte zum Beispiel.

Der erste dieser Vereine wurde, bezeichnenderweise, von einem Lehrer, nämlich Josef Vogl, begründet, und er hieß eben nicht einfach Trachtenverein, sondern wurde am 25. August 1883 als »Verein zur Erhaltung der Volkstracht im Leitzachthal« gegründet. Der erste von vielen Gebirgstrachtenerhaltungsvereinen in Bayern wurde mit allerhöchstem Wohlwollen und staatlicher Förderung gestartet. Aber! Der

Schwur der männlichen Vereinsmitglieder, zumindest in den wärmeren Jahreszeiten nur noch mit der jagdtraditionellen Lederhose aus dem Haus zu gehen, führte dazu, dass der Pfarrer die Burschen vom Volkstrachtverein aus der Kirche verwies. Wegen der unsittlichen Nacktheit der Männerbeine. Tja, Widersprüche eben. Man sollte vielleicht nicht unerwähnt lassen, dass besagter Josef Vogl bald darauf das Metier wechselte und sehr erfolgreich die Tafernwirtschaft mit Metzgerei in Baiernrain übernahm.

Der Begriff der »Erhaltung« weist darauf hin, wie sehr sich das Konstruierte schon von Beginn an als Mythos der Verwurzelung verstand. Beides, dass es sich um etwas sehr Altes und um etwas Bedrohtes handelt, wird in den Mythos eingeschrieben. Und was entstand, war schon diese Panik, dass etwas verloren gehen würde, dass es etwas zu »retten« gäbe, vor der Stadt, den Fremden und dem Neuen. Zugleich verweist der Vorfall in der Kirche darauf, dass es sich in der Tat auch um eine eigentümliche Art von Befreiung und gar Provokation handelte. Die Politisierung der Folklore war nie ohne ihre Sexualisierung zu haben. Und dann verwandelte sich die Tracht auch in ein familiäres Konstrukt: das Objekt der Genealogie, das stets in einer Körpersprache spricht. Das Gewand als Erbstück, das es in Ehren zu halten und zu bewahren galt. Ob es die Wittelsbacher und ihre Spezis gewusst haben oder nicht, jedenfalls war die bayerische Tracht von Beginn an nicht bloß Identitäts- und Geopolitik, sondern auch als Medium von Biopolitik zu verstehen. Das reicht von der genauen Bezeichnung des Familien- und Berufsstandes bis zu den »Liebesgrüßen aus der Lederhose«: Die Tracht ist eine Verbindung der symbolischen Ordnung der Geschlechter mit der Sprache des Begehrens, so wie sie ein Ausweis der Gemeinschaft und zugleich eine Grammatik der Differenz ist.

(A starka Stamm.) Diese Vorgänge zu durchschauen ist nicht schwer, doch es handelt sich dabei um eine weitere Metapher, die Körper und Politik, Volk und Herrschaft miteinander verbindet. Genau nach demselben Muster der Umkehrung nämlich funktioniert die bayerische Or-

ganisation einer generationenlangen Einparteienherrschaft, die sich als Demokratie verkleidet und beständig Regierungsinteresse, ökonomisches Interesse und symbolische Ordnung miteinander verbindet, als könnte es nur immer schon so gewesen sein. Lange bevor das Wort so unheilvoll aufgeladen wurde, war die bayerische Ordnung »populistisch«. Das Regierungshandeln und die politische Ökonomie beziehen ihre Legitimation nicht aus den demokratischen Diskursen der Gesellschaft, sondern aus den Erwartungen und Sprachen des Volkes. Von den Wittelsbachern hat die CSU die Kunst übernommen, sozusagen im dritten Schritt der Identifikationen, die ins Volkstümliche gespiegelte herabgesunkene und »nachträgliche« Imitation des Höfischen durch das »Landvolk« wieder in den eigenen Herrschaftsdiskurs zurückzuholen. Diese Herrschaftsform kann nicht funktionieren ohne die besagte »Trachtenerhaltungsvereinsangst«, dass etwas verloren gehen kann, dass etwas unsichtbar wird, dass etwas weggenommen wird vom Fremden, vom Städtischen und vom Neuen.

Kurze Lederhosen waren, nebenbei bemerkt, bei der frühen Hitlerjugend sehr beliebt, bevor es zur strikten Uniformierung kam, später bei mehr oder weniger zivilen Organisationen wie den Pfadfindern, die noch Ende der 1950er-Jahre ein striktes Verbot von Bluejeans pflegten. Die Lederhose war zunächst ein Protest gegen die Urbanisierung, die man häufig als Zwang empfand, aber auch ein Überbleibsel der bürgerlichen Sehnsucht nach Urwüchsigkeit. Bevor sie zum retromanischen Beinkleid schlechthin wurde.

VII

(*Mi lecks't am Arsch!*) Bayern sei die »Vorstufe zum Paradies«, hat Seehofer häufig gesagt. Wer so etwas sagen muss, kann es bestimmt nicht glauben. Aber das Heimat- und Urlaubsparadies, das Paradies von Volkstümlichkeit und Selbstbewusstsein, das Paradies von Volksmusik und Dirndl, das Laptop- und Lederhosen-, Bluejeans- und Trachtenjanker-

Paradies, es scheint seinen Bewohnern allmählich abhandenzukommen. Die Zufriedenheit der bayerischen Bürgerinnen und Bürger mit ihren Lebensumständen nimmt einer Umfrage der Volks- und Raiffeisenbanken zufolge erkennbar ab. Im »Heimatindex« ist die Grundzufriedenheit der Bayern gesunken, während sie im Bundestrend eher steigt. Die 2000 Befragten vergaben 74 von 100 möglichen Punkten – im Bundesdurchschnitt sind es 76 Punkte. Im Sommer 2018 war es noch genau umgekehrt. Unzufriedene Bayern – das ist erst einmal ein »Warnsignal« für die Balance von Heimat und Nation, und für die Balance von Stadt und Land, für die Bayern einmal eine besondere Bedeutung hatte: Landbewohner erteilten eine schlechtere Note (53 Punkte) als Großstädter (59 Punkte) bei der Beurteilung von Grundversorgung und Infrastruktur.

Der Segen und der Fluch der bayerischen Heimatfabrikation liegt in der Mehrfachcodierung: Sex, Ökonomie, Politik, Religion, Kunst und Alltag – alles da. Die Stabilität dieser Vernetzung ist freilich zugleich ein Einschnüren. Härter und schneller als anderswo scheint sich durch diese Konstruktion das Nichtdazugehören und Ausschließen zu realisieren, und fundamentaler und extremer wird hier Heimat für Einzelne zu einem Gefängnis. Genau davon handelt die bayerische Kunst und wird dabei zu einer paradoxen Negativbestätigung. Je mehr einer gegen Bayern anschreit, desto bayerischer wird er dabei. Und je mehr eine Bayern als Gefängnis ganz besonders für Frauen durchschaut, desto mehr wird sie zu einer bayerischen Ikone. Ein vergleichsweise entspanntes Verhältnis zur Heimat haben hier nur wenige. »Hassliebe« ist stattdessen ein sehr häufig gebrauchtes Wort. Eine Mischung aus Sehnsucht und Grauen. Hassliebe als kultureller Energieträger ist wiederum als Innovations- und Vitalitätskraft einzusetzen. Die Fabrikation von Heimat als bayerisches Produkt der politischen Ästhetik lebt nicht zuletzt von ihren Dissidenten, Störenfrieden und Querulanten. Was sich entfremden will, das wird verheimatet, und was Heimat sucht unter der Oberfläche, das findet Fremdheit. Haufenweise.

Maxim Biller
Max in Palästina
Eine Erzählung

Als morgens um acht am Horizont die kleinen weißen Häuser von Tel Aviv auftauchten und daneben die Umrisse des Leuchtturms von Jaffo, der sich zwischen den halb verfallenen, grauen Mauern und Dächern der dreitausend Jahre alten Hafenstadt wie eine erkaltete, riesige Fackel versteckte, war Max wahrscheinlich der einzige Passagier der *Bessarabia*, der nicht, gefährlich nach vorn gebeugt, an der Reling lehnte und ungeduldig die sich langsam nähernde Küste von Palästina beobachtete.

Er lag in der Kabine im Bett, allein, krank, ohne Elsa, die wie alle anderen seit dem Morgengrauen draußen auf dem Deck stand und jetzt bestimmt mit großem Ernst in die Ferne blickte, gedankenverloren am ewig kalten, viel zu süßen Tee aus der Schiffsküche nippte und sich auf ihr endlich beginnendes, neues Leben freute. Oder vielleicht war sie auch einfach nur erleichtert, dass sie Nein gesagt hatte, als er ihr vor einigen Wochen vorgeschlagen hatte, noch ein paar Tage länger in Prag zu bleiben, um einen allerletzten Kampf gegen die scheinbar unbesiegbaren tschechischen Bürokraten zu führen. Hätten sie nämlich gemacht, was er wollte, wären sie also nicht am 14. März nachts um elf am Wilson-Bahnhof ohne ihr altes dänisches Silberbesteck und ihre halbe Bibliothek in den Zug eingestiegen, der sie über Polen nach Rumänien brachte, wo die *Bessarabia* schon auf sie wartete, wäre er selbst gleich am nächsten Morgen von den Deutschen verhaftet worden, die sich genau in dieser Nacht den Rest der Tschechoslowakei genommen hatten. Bestimmt hätten sie ihn irgendwann nur noch als Toten aus einem ihrer Gefängnisse entlassen, keine Frage, und das hätte Elsa dann auch nicht überlebt.

Ja, kann schon sein, dachte Max und drehte sich wieder auf die andere Seite, so wie er sich schon seit zwei Stunden alle paar Minuten herumwälzte, aber wäre das wirklich so schlimm gewesen? Er wusste genau, was sie in Palästina erwartete, Franz hatte es in seiner Geschichte vom unersättlichen Seifensieder sehr deutlich und auch ziemlich schaurig beschrieben, und dass Max das Manuskript kurz vor der Abreise aus Prag vernichtet hatte, als einziges von Franz' Papieren, änderte auch nichts mehr daran, dass er die Geschichte kannte, dass er sie gelesen hatte, dass er darum wusste, wie wenig Sinn es für ihn und für Elsa hatte, an diesem frischen, kalten Märztag so zu tun, als wären sie noch zwanzig und hätten alles vor sich.

Seltsam, dachte er plötzlich, die linke Seite war etwas besser als die rechte. Normalerweise war es doch umgekehrt, denn das Eisenkorsett, das er als Kind wegen seines schiefen Rückgrats tragen musste, hatte zwar seinen wachsenden Oberkörper gestreckt, aber zugleich noch schiefer gemacht, und darum schlief er meist auf der rechten Seite, zu Hause, in Prag, in der Ufergasse, mit dem Gesicht zum Fenster. So konnte er wenigstens gleich morgens beim Aufwachen sehen, wie der Tag werden würde, hell oder dunkel, schön oder schwer, doch hier auf dem Schiff lag er seit der Abfahrt in Constanța immer lieber mit dem Gesicht zur Wand, auf der leicht wunden, schmerzenden linken Hüfte, und stellte sich vor, dass draußen nichts war, absolut gar nichts.

Trübe, überflüssige Gedanken! Als er damals, im Sommer 1906 oder 1907, in der großen, modernen Villa von Hugos Schwiegereltern in Podbaba das auffallend schlechte Herzl-Bild über dem schweren Buffet im Wohnzimmer entdeckt hatte, konnte er nicht ahnen, wie das alles ausgehen würde, wie ernst es eines Tages werden würde, für ihn und für alle andern, die sich von diesem schwermütigen, herrischen Mann mit dem kohlschwarzen Vollbart eines assyrischen Königs ihren zukünftigen Weg vorhersagen und zugleich bestimmen ließen. Und dass das am Ende sowieso völlig egal sein würde.

Eigentlich wollten Hugo und er an diesem erstaunlich wolkenlosen Sommertag auf der Terrasse Zitronenlimonade trinken, Butterbrote essen und über Hugos unausrottbare Nietzsche- und Schopenhauer-Skepsis sprechen. Aber nachdem Max gleich beim Hereinkommen ein paar Sekunden zu lang das Herzl-Bild angeschaut hatte, fragte er Hugo, wer dieser Mann sei, und fügte hinterher mit einem von ihm selbst als merkwürdig empfundenen Lächeln hinzu:»Hoffentlich kein Verwandter.« So erfuhr er das erste Mal wirklich etwas über den Zionismus, der bis dahin für ihn nur ein Wort war, und als er ein paar Stunden später mit der Tram in die Innenstadt zurückfuhr, hatte er Hugos Exemplar des *Altneuland*-Romans dabei, in dem er sich sofort festgelesen hatte. An der wie immer lauten, vollen Ferdinandstraße stieg er aus, immer noch in die Geschichte des arbeitslosen Juristen und professionellen Reisebegleiters Friedrich Löwenberg und der »Neuen Gesellschaft für die Kolonisierung von Palästina« vertieft, und er wusste bis heute, wie erstaunt er für einen Moment darüber war, dass es in der Stadt viel wärmer, drückender war als draußen in Podbaba, im schattigen, zugigen Scharka-Tal – und wie er sich danach gefragt hatte, ob es in Erzisrael, in dem der unglückliche Friedrich Löwenberg erst viel zu spät als erwachsener Mann endgültig ankam, auch immer so heiß war.

Sein Herzl-Buch sah Hugo nicht mehr wieder. Denn nachdem Max es zu Ende gelesen hatte, wollte Franz es auch haben, aber der hatte es eines Tages einfach auf einer Parkbank im Wallensteingarten liegen lassen.»Weil es so unglaublich schlecht war, Max, weißt du«, hatte Franz zu seiner Entschuldigung gesagt, und Max war zuerst nicht sicher gewesen, ob er das wirklich ernst meinte, oder ob das nur eine typische Franz-Ausrede war. Im vielsagenden Schweigen und dem Fallenlassen doppeldeutiger Bemerkungen war er schon immer sehr geschickt gewesen, doch weil Franz ab diesem Tag wochen- und monatelang von nichts anderem mehr sprach als von Palästina, war Max irgendwann klar, dass Franz das Buch im Park wirklich vergessen hatte.

In das neue Exemplar von *Altneuland*, das Max und Franz gleich am nächsten Tag für Hugo bei Taubeles auf dem Obstmarkt kauften, schrieben sie ihm – nach einem Vorschlag von Franz – dann zusammen eine kleine Widmung:»Wären es nicht zufällig Pferde, müsste ich mit Säuen fahren. Für Hugo, bis bald, Max und Franz«. Aus der Seifensieder-Geschichte stammte der Satz natürlich nicht, das wäre Max später sofort aufgefallen, allein deshalb, weil er zu ihr nicht gepasst hätte, und dass er in einer ganz anderen Geschichte vorkam, die Franz bald schreiben sollte, übersah Max fast absichtlich. Als Hugo ein paar Jahre darauf über London nach Jerusalem ausreiste, sagte er zu ihnen bei seinem Abschiedsabend im Café Louvre gut gelaunt: »Ich werde die Säue nehmen, meine lieben zionistischen Freunde, aber ihr könnt, wenn ihr wollt, schon bald auf den Pferden nachkommen.«

Und was war die *Bessarabia*? Ein mächtiger, lauter, früher einmal bestimmt strahlend weißer Passagierdampfer, der im Krieg nach dem Angriff eines deutschen U-Boots fast im Golf von Genua untergegangen wäre, und auf dem Max, kaum waren sie vor einer Woche in Constanța an Bord gegangen, sofort krank geworden war. Heute ging es ihm auch wieder schlecht, vielleicht sogar noch schlechter als in den vergangenen Tagen. Er hatte immer noch diese mörderische Übelkeit, er zitterte und hatte auf den Armen und auf dem Bauch einen hellroten Ausschlag, und in seinem Kopf wohnte eine ganze Indianerfamilie, die den ganzen Tag und die ganze Nacht im hinteren Teil des Gehirns Kriegstänze aufführte. Trotzdem musste er jetzt bald aufstehen. Er musste sich wenigstens das Gesicht waschen und die Zähne putzen, er musste den Anzug, das frische Hemd und die dicke braune Strick-Krawatte anziehen, die ihm Elsa auf ihrer Seite des Betts bereitgelegt hatte – und er musste gleich vor der vornehmen Empfangsdelegation, die sich angeblich schon seinetwegen auf dem Kai in Jaffo aufgebaut hatte, so tun, als wäre er unendlich glücklich und erleichtert über die Heimkehr in sein neues, fremdes Zuhause, das er bislang doch nur von Fotografien und aus Büchern kannte.

Max richtete sich langsam und vorsichtig auf, um seine Kräfte zu prüfen, und weil er keine Lust mehr hatte, weiter die Wand mit der gestreiften französischen Vlies-Tapete anzustarren, so wie meistens in den vergangenen sieben Tagen und Nächten, sah er jetzt herüber zum weit aufgeklappten, runden Schiffsfenster. Der durchsichtige Vorhang davor erzitterte ab und zu leicht im Wind, es roch plötzlich ganz anders als auf offener See, viel salziger, strenger, aber auch nach Essen, das er nicht kannte, nach Abfall und toten Krabben und Tintenfischen, und seltsamerweise war plötzlich derselbe verbrannte, harzige Geruch da wie früher, wenn seine Großmutter in Gablonz am Freitagabend die Kerzen anzündete und dabei leise den Segen sagte. Unmöglich, dachte Max, das kann doch gar nicht sein! Er schüttelte ungläubig den schmerzenden Kopf und versuchte kurz durch die wehende Gardine die Farbe des Himmels zu erkennen – tiefblau und bis an die Schmerzgrenze grell, was sonst, dachte er entsetzt –, und dann stand er, immer noch sehr langsam und sehr vorsichtig, auf und ging ins Badezimmer. Dabei hörte er, wie draußen ein paar Möwen oder was auch immer es war mit ihren harten Vogelkrallen auf dem Blechvorsprung vor dem Fenster landeten und sofort anfingen, dort laut klappernd und schreiend auf und ab zu spazieren.

Obwohl Max sich im Bad am liebsten gleich wieder übergeben hätte, ließ er es einfach sein, denn davon würde ihm auch nicht besser werden, das wusste er schon. Die Säure seines Magens würde dann bloß wieder seinen Rachen verbrennen und ihm von hinten in die Nase steigen, und er müsste sich gleich noch mal übergeben. Also spritzte er sich, mühsam mit einer Hand am Waschbecken abgestützt, ein bisschen kaltes Wasser ins Gesicht, er putzte sich mit letzter Kraft die Zähne und spülte gurgelnd mit dem Rest des Wassers aus dem Zahnputzbecher seine wunde Kehle, und danach ging er zurück in die Kabine und setzte sich erschöpft auf den kleinen, schönen, aber wackeligen Louis-Quatorze-Sessel in dem kleinen Salon, den ihre Kabine hatte.

Der helle Lederkoffer mit Franz' Papieren lag direkt vor ihm auf dem zierlichen Sofatischchen, und während Max ihn fast so böse und durchdringend wie einen Feind anschaute, dachte er daran, dass er ihn während der ganzen Reise – von Prag bis hierher – nicht ein einziges Mal aufgemacht hatte. Mal hatte er Angst gehabt, dass etwas daraus verloren gehen könnte, wenn er ihn öffnen würde, dass zum Beispiel also ein plötzlicher Windstoß ein Blatt oder ein ganzes Heft einfach davonwehen könnte. Mal war er wütend auf sich selbst, dass er die Sachen nicht alle bei Otto, seinem Bruder, in der Ufergasse gelassen und stattdessen ein paar mehr von seinen eigenen Manuskripten und Notizen eingepackt hatte.

Er hätte doch auch wirklich nicht alles mitnehmen müssen! Warum schleppte er über dreitausend Kilometer, von Europa nach Asien, die hektografierten Blätter der alten Juravorlesungen mit sich, die zuerst Franz und ein Jahr später er besucht hatte? Fand er wirklich, dass die verrückten, verzerrten Männchen, Monster und nackten Frauen, die Franz aus Langeweile an den Rand der inzwischen ausgebleichten, braunen Blätter gekritzelt hatte, so gut waren wie die Zeichnungen von Coubine, Orlik oder Longen? Und was wollte er mit den vielen kleinen, schwarzen Hebräisch-Vokabelheften, die Franz seit seiner ersten Herzl-Lektüre vollgeschrieben hatte? Wollte er sie in Palästina selbst benutzen? Glaubte er im Ernst, dass er als alter Mann von 55 Jahren überhaupt noch fähig wäre, eine neue Sprache zu lernen? Und wofür sollte er das überhaupt tun? Er würde doch sowieso wie alle anderen schon bald in den Bottichen des unersättlichen Seifensieders landen ...

Als Franz damals – war das vorgestern oder gestern gewesen? – damit angefangen hatte, das moderne Iwrit zu lernen, als er fast gleichzeitig Achad Ha'ams utopische Schriften für sich entdeckte, als er Mitglied bei »Bar Kochba« wurde, als er sich Wort für Wort, Satz für Satz durch die Bücher von Pines und Katznelson quälte, als er in einem einzigen Winter alle elf Bände von Graetz' *Geschichte der Juden* durchlas, als er immer wieder davon sprach, dass man als Jude nur dann zu sich selbst zurückkehren könne, wenn man nach Palästina auswanderte und dort als einfacher Bauer oder Handwerker lebte – als Franz also in der zweiten Hälfte seines kurzen Lebens zu dem Schluss kam, dass er nicht wie ihre Väter und Großväter am unsichtbaren Gift der Assimilation sterben wolle, wenn er denn schon unbedingt sterben müsse, fragte er Max einmal, ob er in seinen Augen sehr jüdisch aussah – und wenn ja, ob auf die gute oder auf die schlechte Art.

Sie saßen, wie so oft, im ersten Stock des Café Louvre, tranken Kaffee und Wasser und schauten auf die Ferdinandstraße hinunter. Sie war nicht so überfüllt wie sonst, es war ein später, träger Augustnachmittag, die wenigen Passanten, die man sah, zogen schräge, dünne Schatten hinter sich her, die manchmal doppelt und dreimal so lang waren wie sie selbst, und sogar die Straßenbahnen und Pferdedroschken schienen sich gerade irgendwo am Stadtrand in ihren riesigen, kalten Depots vor der großen Hitze zu verstecken, denn es war schon seit einer Weile kein einziger Wagen mehr vorbeigekommen.

»Wie meinst du das?«, sagte Max überrascht und sah in Franz' langes, dunkles Gesicht mit den dichten schwarzen Augenbrauen, über denen eine etwas zu niedrige Stirn saß, so als ob Franz' Eltern oder der Schöpfer selbst auf diese Art seine oft penetrante – jüdische! – Klugheit darin verbergen wollten. »Natürlich siehst du jüdisch aus, Franz. Aber auf die gute Art, vertrau mir.«

»Schade«, sagte Franz ernst.

»Warum ist das schade? Sei froh, dass du wenigstens keinen Buckel hast so wie ich! Vielleicht habe ich ja sogar Hufe an den Füßen, wollen wir nachschauen?«

»Du sagst doch immer selbst, Max, dass wir ein schlechtes Volk sind. Verstehst du nicht, was ich meine?«

»Schlecht sind wir vielleicht nicht«, sagte Max bedächtig und abwartend. »Aber ja – wir sind nicht mehr wir selbst. Wir haben zu viele dunkle Gedanken, wir kränkeln ständig, und manche von uns können nicht einmal das Mähen einer Ziege vom Blöken eines Schafs unterscheiden.«

Sie schwiegen und sahen wieder durch das große Kaffeehausfenster nach unten. Zwei Männer in viel zu dicken, warmen Wollanzügen lehnten auf der anderen Straßenseite an einer Hausmauer, im Schatten der Markise des Feinkostgeschäfts »Jan Paukert« und rauchten. Sie bewegten sich kaum, und als sie zu Ende geraucht hatten, gingen sie wieder in das Feinkostgeschäft rein, und jetzt war gar kein Mensch mehr auf der Straße.

»Meinst du wirklich, Max«, sagte Franz, ohne ihn anzusehen, »dass es besser wird, wenn wir erst mal drüben sind? Meinst du, wir sehen dann auch gar nicht mehr jüdisch aus? Und dass man uns dann endlich ein wenig lieb hat?« Er lächelte schüchtern, fast so, als wäre er stolz auf seinen eigenen Gedanken, aber das Lächeln verschwand schnell wieder von seinem zugleich weichen und harten Gesicht, und er sagte: »Sogar wenn wir eines Tages wie Siegfried und Hagen aussehen, Max, wird es uns nichts nützen. Gar nichts, verstehst du?!« Er schlug – was er noch nie vorher getan hatte – mit der Hand laut auf den Tisch, aber er sah Max immer noch nicht an, und im selben Moment, von einer Sekunde auf die andere, überfluteten Dutzende, beinahe Hunderte von Passanten gleichzeitig die Bürgersteige unter ihnen. Die Straßenbahnen und Autos fuhren auf einmal wieder, und ein besonders unerträglicher, ungewöhnlicher Lärm erfüllte die Ferdinandstraße. »Wenn man etwas tun kann, Max«, sagte Franz noch, »dann kann man es auch genauso lassen. Daran kann doch nur ein Ahnungsloser zweifeln. Verstehst du das wenigstens?«

Oh weh, dachte Max, da war er mal wieder, einer von Franz' Gedanken, die manchmal so tief waren, dass sie fast schon wieder schal wirkten, aber vielleicht war es auch umgekehrt, das wusste er nie genau, und das verwirrte ihn noch mehr. Er legte die Hand auf die Hand des Freundes, um ihn zu beruhigen, er biss sich, um jetzt nichts Falsches oder Dummes zu sagen, auf die Unterlippe und schüttelte ratlos den Kopf. Und nun schwiegen sie wieder – lange und innig –, und als Max später wie jedes Mal für sie beide bezahlen wollte, sagte der Kellner, der lange, bleiche Herr Vorisek, dass Herr Kafka bereits die Rechnung übernommen habe.

Erst sehr viele Jahre später – Franz war da schon dem Tod näher als dem Leben und Hugo und Else wohnten inzwischen mit ihren drei Kindern in Jerusalem, im schönen, neuen Rechavia-Viertel – begriff Max, was Franz an diesem merkwürdigen, tropischen Augustnachmittag im Café Louvre gemeint hatte. Hugo und Else hatten Franz irgendwann zu sich nach Rechavia eingeladen, weil er sie in seinen Briefen immer wieder angebettelt hatte, ihn bei sich aufzunehmen, solange er noch die Kraft hatte, zu kommen. Aber dann luden sie ihn, den Todkranken, überraschend wieder aus, was eigentlich gar nicht so überraschend war, und der Brief, den er ihnen daraufhin schrieb und den er vor dem Abschicken Max vorlas, endete mit den Worten:»Nein, so hätte ich nicht fahren können, selbst wenn ich es hätte können, Sie haben vollkommen recht. ›Alle Plätze auf dem Schiff sind vergeben‹, schreiben Sie, und ich füge erleichtert hinzu: ›Immer, überall, zu allen Zeiten …‹« Alle Plätze auf dem Schiff sind vergeben, wiederholte Max stumm, für sich selbst. Und dann dachte er: Was war das schon wieder für eine große rabbinische Weisheit, Franz? Oder waren es nur leere, unbrauchbare Worte gewesen?

Das zuerst kurze und hinterher etwas längere Pfeifen eines Signalhorns riss Max aus den Gedanken. Dann hörte er das unregelmäßige, schwere Keuchen einer vermutlich schon ziemlich alten, erschöpften Dampferbarkasse. Und dann vernahm er, wie draußen, fast genau unter der Kabine, jemand auf Arabisch laut etwas rief, aber vielleicht war es auch das kehlige Hebräisch der nordafrikanischen Juden, über das er schon so viel Abschreckendes gehört hatte, keine Ahnung.

Einmal kurz, einmal lang, dachte er plötzlich erschrocken. Das bedeutete doch, dass sie nur noch zwei Meilen vom Hafen entfernt waren, richtig? Ja, richtig! Das wusste er noch aus den Jules-Verne-Büchern seiner Kindheit, und darum wusste er auch, dass der Lotse jetzt von seiner Barkasse aus dem Kapitän die genaue Kettenlänge zurief, mit der die *Bessarabia* gleich ankern sollte. Oder, überlegte der kränkelnde, erschöpfte Max wie im Fieber, wollte er vorher vielleicht noch vom Kapitän wissen, ob etwa Passagiere an Bord waren, die gar nicht aussteigen wollten? Und forderte er ihn gerade dazu auf, diese unwilligen, uneinsichtigen Menschen einfach aus dem Fenster zu werfen? Was für ein Unsinn, dachte Max, und er schlug, obwohl er das sonst nie machte, mit der Hand wütend gegen die Lehne seines wackeligen französischen Sessels. Was für seltsame, weltfremde Franz-Fantasien! Dann schlug er mit der anderen Hand gegen die andere Lehne – und endlich stand er auf, ging herüber in die Schlafkabine und begann, sich langsam und umständlich anzuziehen.

Wann genau Franz seine schreckliche Geschichte geschrieben hatte, konnte Max bis zum Schluss, bis er sie am Tag ihrer Ausreise aus Prag in der Küche im Waschbecken verbrannte, nicht sagen. War das nach seinem kurzen Streit mit Buber bei »Bar Kochba« gewesen, als der Philosoph und Chefredakteur des *Juden* in einem Vortrag behauptet hatte, die Veredelung ihrer eigenen Leute in Palästina würde der ganzen Menschheit dabei helfen, besser zu werden? Oder war das, nachdem Else und Hugo ihn so verraten hatten? Oder schrieb er die Geschichte vom unersättlichen Seifensieder in Kierling, im Sanatorium, in seinen letzten Wochen, als er vielleicht – noch mehr als sonst – seinen eigenen schlechten körperlichen und seelischen Zustand für ein universales Ereignis gehalten hatte?

Max war jedenfalls sehr überrascht gewesen, als er die Geschichte, nur wenige Tage nach der Beerdigung in Prag, in der Mappe fand, die ihm Dora aus Österreich mitgebracht hatte. Auf die Überraschung folgte schon bald der Schrecken: Er las sie bestimmt fünf- oder sechsmal hintereinander, dann schob er die drei, vier Blätter, die Franz aus einem seiner Schulhefte herausgerissen und in einem Umschlag mit der Aufschrift »Der Seifensieder« aufbewahrt hatte, entsetzt in den Umschlag zurück und vergaß sie sofort wieder. Nein, er vergaß sie natürlich nicht! Er träumte seitdem regelmäßig von ihr, bis heute, alle paar Monate sah er in der Nacht das kleine, pergamentgelbe, knochige Gesicht eines Mannes, der mit einem riesigen Holzpaddel in einem noch viel riesigeren Metallbecken voller dampfender, gluckernder Lauge herumstocherte und die Arme und Beine, die ab und zu aus diesem Höllentopf herausschnellten, mit seinem überdimensionalen Arbeitsgerät wieder hineindrückte. Dass der Mann mit dem Löffel fast genauso aussah wie der von der Tuberkulose bis auf die Knochen abgenagte Franz zum Schluss in Kierling, überraschte Max nicht wirklich. Darum hatte er ja auch sofort beschlossen, die Parabel dem Rest der Welt zu verschweigen und sie niemals zu veröffentlichen. Aber dass er selbst mit dieser Geschichte – und nur mit ihr! – schließlich das machen würde, was er eigentlich auch mit dem Rest der Papiere seines toten Freundes machen sollte, erstaunte ihn schon sehr.

So stand Max also am Nachmittag des 14. März 1939 in der Ufergasse in der Küche und sah dabei zu, wie die drei kleinen, eng beschriebenen Blätter und das von ihm selbst gleich zweimal unvorsichtig aufgerissene Couvert in wenigen Sekunden im weißen Marmorbecken verbrannten. Er dachte, während ein dünner, weißer Rauchfaden von unten zu ihm aufstieg, an ihre schöne, große Altstadtwohnung, voll mit Möbeln und Bildern und auch einigen ziemlich unangenehmen Erinnerungen, die Elsa und er heute Abend um neun für immer verlassen würden. Er dachte an die vergangenen Monate, in denen sie beide von Amt zu Amt gerannt waren, erstaunt darüber, wie freundlich die Engländer, wie schlecht gelaunt die Zionisten und wie abweisend die Tschechen waren. Er dachte an die fünf großen Holzkisten mit den wenigen persönlichen Sachen, die sie mitnehmen durften und die schon am Vormittag ein Chauffeur abgeholt und zum Bahnhof gebracht hatte. Er erinnerte sich halb entsetzt und halb amüsiert daran, wie sein Pass wochenlang in einem falschen Fach im Palästina-Amt in der Langen Gasse gelegen hatte, weshalb er beinah kein Visum bekommen hätte. Und er dachte stumm lächelnd an den englischen Botschaftsangestellten, der im letzten Moment nur wegen ihm und Elsa und noch ein paar anderen armen Juden nach London geflogen war, um von dort noch ganz schnell die in der Botschaft ausgegangenen Visaklebemarken für ihre Pässe zu besorgen.

Aber Max dachte beim Anblick der brennenden Geschichte natürlich auch – und immer wieder – an das unwirkliche, überraschende Treffen im Palace-Café, zu dem der sonst immer so verträumte Ludwig sie kurz nach der Münchener Katastrophe gedrängt hatte. Dort flüsterte er ihnen, kaum hatten sie sich begrüßt und gesetzt, in einem stillen, separaten Hofzimmer leise und triumphierend zu: »Wir müssen weg, so schnell wie möglich. Die Deutschen haben noch immer kein einziges neues Zollhäuschen auf ihrer Seite der neuen Grenze gebaut, versteht ihr?« Und schließlich dachte Max auch an die stockwerkhohen, fabrikneuen, rotweißschwarzen Hakenkreuzfahnen, die vor zwei Tagen plötzlich von jeder zweiten Hausfassade in der Altstadt, in der Josefstadt, in den Königlichen Weinbergen und auf der Kleinseite herabhingen. Und während er jetzt also dabei zusah, wie die brennenden Blätter sich in dem weißen Porzellanbecken zuerst schnell braun färbten, dann schwarz wurden und dann endgültig zu weißgrauer Asche zerfielen, sah er gleichzeitig die gesunden, wütenden deutschen Jugendlichen in ihren merkwürdigen Pfadfinder-Uniformen vor sich, die heute Morgen am Graben in Viererreihen an ihm vorbeimarschiert waren – von der tschechischen Polizei wie Staatsgäste beschützt und begleitet – und im Takt »Sieg Heil« gerufen hatten.

»Was machst du da eigentlich, Max?«, hörte Max plötzlich Elsas Stimme hinter sich. »Alle warten auf dich im Wohnzimmer und wollen dir auf Wiedersehen sagen. Die Cohns, Tante Anni und ihre Kinder. Und Professor Agaard. Und Marianne und Otto müssen auch bald gehen. Und Willy wollte sich noch mal von dir persönlich verabschieden und dir seinen ersten Roman für die Reise mitgeben. Stell dir vor, sie haben zum Tee alle Kekse aufgegessen, und jetzt wollen sie Schokolade. Aber wir haben doch gar nichts mehr ...«

»Welcher Willy?«, sagte Max, ohne sich nach Elsa umzudrehen.

»Willy, der Dramaturg vom Ständetheater.«

»Den kenne ich nicht.«

»Aber er kennt dich. Alle kennen dich! Und er sagt, es ist gut, dass wir heute fahren. Er sagt, wir sollen unsere Abreise um keinen einzigen Tag mehr verschieben.«

»Du hast ihm gesagt, dass er das sagen soll, Elsa ...«

»Nein, Max! Dass die Zeit drängt, weiß er von seinen deutschen Freunden, sagt er. Und er ist ja auch selbst Deutscher.«

»Aha, ich verstehe«, sagte Max, »seine Karriere hat also gerade erst begonnen. Glaubst du nicht auch, Liebling?«

Sie sagte nichts, aber plötzlich spürte er ihren warmen Atem im Nacken. Dann umarmte sie seinen schiefen, wunden Rücken von hinten, sie hängte sich fast an ihn und flüsterte ihm mit ihrer tiefen Männerstimme ins Ohr: »Ich würde doch auch lieber bleiben, Max. Wollen wir hier bleiben?«

Er atmete laut ein und aus – und noch mal und noch mal – und überlegte lange und ernst, was er ihr antworten sollte. Schließlich machte er, während sie ihn weiter von hinten festhielt, langsam den Wasserhahn an und spülte die Asche von Franz' Geschichte bis zum letzten schwarzen Stäubchen in den Abfluss. Er nickte, schüttelte fast unsichtbar den Kopf, aber dann schüttelte er ihn noch mehr, ganz klar und eindeutig, und dachte dabei, wie dumm es von ihm schon immer gewesen war, immer alles zu glauben, was er gelesen hatte. Und dann, während Elsa begann, ihn zugleich tröstend und verzweifelt auf den Hals und die Haare zu küssen, sagte er streng: »Wenn man etwas sein lassen kann, Elsa, dann kann man es auch machen. Das wissen sogar die Ahnungslosen ...«

Und wieder unterbrach das scharfe Pfeifen des Signalhorns von der Lotsenbarkasse Max' Gedanken. Diesmal war es ein einfacher, kurzer, alles durchdringender Ton, Max hörte gleichzeitig das laute, alarmierende Klingeln der Schiffsglocke, und er wusste genau, dass es jetzt nur noch eine Meile bis zum Ufer war – höchstens. Die Hose, die Schuhe und das Hemd hatte er zum Glück schon angezogen. Jetzt versuchte er zum dritten oder vierten Mal, die Krawatte zu binden, ohne Spiegel, mit dem Rücken gegen die kalte, metallische Kabinenwand gelehnt, aber weil das Schiff plötzlich anfing, zu ruckeln und noch stärker zu schaukeln als während der ganzen Fahrt, schaffte er es nicht einmal, das eine Ende der Krawatte ordentlich über das andere Ende zu legen. Von dem Schaukeln und Zittern wurde ihm sofort wieder schlecht, aus der Indianerfamilie in seinem Kopf wurde ein ganzer Stamm, und seine Arme und Beine brannten, als hätte er – oder jemand anders – seine Glieder in siedendes, kochendes Wasser getaucht.

Moment, dachte Max, hatte er nicht einmal in der *Berliner Illustrirten* gelesen, dass die Seekrankheit oft gar nicht mehr wegging, so wie der Schluckauf oder die Lähmung nach einem Schlaganfall? Das hatte ihn damals so erschreckt, dass er sofort beschlossen hatte, nie mehr eine Schiffsreise zu machen, aber nun war es also doch passiert, und jetzt blieb für ihn nur noch Hoffen oder Beten oder was auch immer. Bei den meisten Seeleuten und Schiffsreisenden, so hatte es in dem Artikel geheißen, verschwanden zwar die Symptome gleich nach der Landung oder höchstens drei Tage später. Aber es gab offenbar auch solche armen Leute, die nie wieder gesund wurden. Und manche wurden dann davon so verrückt, dass sie sogar versuchten, sich umzubringen. »Das wird ja ein schöner Rest meines bis jetzt schon sehr schönen Lebens«, sagte Max laut zu sich selbst und zog die widerspenstige, lose Krawatte ungeduldig vom Hals und stopfte sie in die Hosentasche. »Na ja, wahrscheinlich immer noch besser als das Prinz-Albrecht-Palais in Berlin oder Steine schleppen in Dachau.«

Nachdem er kurz nicht gewusst hatte, was er als Nächstes tun sollte, beugte er sich zum Schiffsfenster vor und sah hinaus, in das starke, blaue, orientalische Licht, das ihn, wie schon vorhin, sofort wieder blendete. Hunderte greller, weißer und silberner Sonnenstrahlen bohrten sich tief in seine Augen, aber weil er jetzt unbedingt wissen wollte, wie es hier, am anderen Ende der Welt, aussah – wie es hier wirklich aussah und nicht auf den matten, retuschierten Schwarz-Weiß-Fotografien in seinen zionistischen Büchern und Zeitschriften! –, schaute er so lange aus dem Fenster, bis er allmählich etwas erkennen konnte.

Was war das da draußen, um Gottes willen? Ein kleiner, trauriger, völlig unauffälliger Hügel – auf ihm, neben dem runden, fast schwarzen, geduckten Dach einer Moschee, ein schiefes, möglicherweise bereits leicht schwankendes Minarett, das jeden Moment umzustürzen drohte. Hier und dort kleine Steinhäuser und Holzbaracken mit lauter schwarzen, blinden, offenbar ausgeschlagenen Fenstern. Und noch weiter daneben eine lange, mittelalterlich anmutende Festungsmauer aus riesigen gelben und weißen Steinen, von denen sich einige – vermutlich schon vor Jahrhunderten – aus der Mauer gelöst hatten, auf den schmutzigbraunen Strand heruntergerollt und dort einfach liegen geblieben waren. Auf vielen dieser großen, vom Regen und vom Wind geglätteten Steine saßen, allein oder in kleinen Gruppen, hochgewachsene, schlanke, schweigende Araber in schwarzen Burnussen und zerrissenen Ledersandalen und sahen ängstlich – nein, panisch! – zur *Bessarabia* herüber. Nur einer von den Männern – er war viel kleiner und kräftiger als die anderen und trug nichts Schwarzes, sondern eine weite, schneeweiße Dschellaba, deren Ärmel so kurz waren wie bei einem Arzt- oder Pathologenkittel – schien überhaupt keine Angst zu haben. Er blickte neugierig und voller Erwartung zum Schiff, und als sich plötzlich Max' und seine Blicke trafen, erkannte Max sofort sein kleines, knochiges Franz-Gesicht, und obwohl er erschrocken mit dem Kopf zurückzuckte, war er nicht überrascht darüber, was und wen er da gerade gesehen hatte. Er fauchte laut und böse wie eine ängstliche alte Katze, die schnellen Blitze fuhren ihm wieder in die Augen, zugleich von innen und von außen und noch viel tiefer, und er wusste genau, dass er jetzt gleich das Bewusstsein verlieren würde.

Als zwanzig oder dreißig Minuten später Elsa in die Kabine kam, saß Max – in Anzug, Schuhen und Mantel, aber immer noch ohne Krawatte – auf dem Bett und redete leise mit sich selbst. Er hatte die Ellbogen auf den Knien abgestützt, sein Kopf lag in seinen Händen, und als sie reinkam, hob er zwar für ein paar Augenblicke den Kopf, senkte ihn aber gleich wieder.

Elsa hatte für die Ankunft in Jaffo ihr teures, schwarzes Kleid aus dem Kaufhaus Ara am Jungmannplatz angezogen. Sie trug ihre kurze weiße Perlenkette und den kleinen schwarzen Hut, den sie einmal in Budapest zusammen für sie gekauft hatten, und durch die Falten ihres sonst so harten, ernsten, böhmischen Frauengesichts schimmerte etwas von ihrer alten Mädchenhaftigkeit hindurch, die sie eigentlich schon vor Jahren verloren hatte. Sie war während der Reise braun geworden, weil sie, im Gegensatz zu Max, fast immer auf dem Oberdeck spazieren gegangen war oder sich gesonnt hatte, und in den letzten zwei, drei Stunden, in denen sie oben war, hatte sie offenbar noch mehr Farbe bekommen. Als Max sie vom Bett aus kurz angeschaut hatte, hatte er gedacht, wenn das in Palästina so weitergeht, wird sie eines Tages vor seinen Augen verbrennen.

»Bist du fertig, Max?«, sagte Elsa. »Was ist mit dir?«

Er antwortete ihr nicht und murmelte weiter undeutlich etwas vor sich hin.

»Wir legen gleich an. Komm, steh bitte auf … Soll ich dir helfen?« Sie beugte sich zu ihm vor und legte vorsichtig die Hand auf seine Schulter. »Wir werden erwartet! Stell dir vor, Hugo und Else sind auch da. Und viele andere von unseren alten Prager Freunden.«

»Ich weiß«, sagte Max und guckte, traurig und hilflos wie ein verletztes Kind, wieder zu ihr hoch.

»Sei nicht schwierig, Max. Jetzt haben wir doch das Schwerste schon hinter uns«, sagte Elsa. Sie schob ihren Arm unter Max' rechten Arm und zog an ihm ein bisschen. »Komm, steh auf, ich helfe dir. Ich weiß, dass es dir schlecht geht. Aber an Land geht es dir bestimmt gleich besser.«

»Ja, du hast völlig recht«, sagte Max, und er fragte sich, ob jetzt gleich wieder die Blitze kommen würden und die Ohnmacht und das alles – aber nichts passierte. »An Land geht es mir bestimmt viel besser.«

Er stand mit Elsas Hilfe langsam auf, ging, vorsichtig und immer noch leicht unsicher, ohne sie in den Salon, er nahm den hellen Lederkoffer, der sich jetzt viel schwerer anfühlte als bei ihrer Abreise, so als hätten sich die Manuskripte darin in den letzten zehn Tagen mindestens um das Doppelte oder Dreifache vermehrt und vervielfacht, und dann verließen sie, stumm und ohne sich umzusehen, gemeinsam die Kabine. Und während sie durch den langen, engen, schwankenden Kabinengang zur Außentreppe stolperten – Elsa hatte sich wieder bei Max eingehakt und stützte ihn –, ging Max nun schon zum dritten oder vierten Mal hintereinander diese eine verdammte Geschichte durch den Kopf, die er ja leider fast wörtlich auswendig konnte.

Gerade war er mal wieder in Gedanken bei der Stelle angekommen, als der Seifensieder in den Orient aufbrach, um dort seine Arbeit zu vollenden, und als er auch dort fertig war – in diesem Augenblick tauchte am Ende des elektrisch nur schwach beleuchteten Kabinengangs etwas Tageslicht auf –, als also auch zwischen Kairo und Sidon keiner mehr war, der das gleiche knochige, pergamentfarbene Gesicht wie der Seifensieder selbst hatte, schrieb er dem Memwi im fernen Westen einen Brief, in dem er ihn – »mit allem Respekt und Wissenseifer, Herr« – fragte, was er denn jetzt tun solle, nachdem er alle seine Leute in der ätzenden Lauge aufgelöst habe, also auch die, die vor dem Memwi in den fernen Osten geflohen waren. Und er wollte von ihm ebenfalls wissen, wer ihn selbst zum Schluss in die kochende Flüssigkeit stoßen solle. Den Brief gab er auf einem halb verlassenen Postamt in Jerusalem auf, in dem bis auf eine junge, blinde, bettlägerige Beduinin, die nicht schreiben und lesen konnte, schon lange niemand mehr arbeitete.

Während der Seifensieder auf die Antwort des Memwi wartete – von Tag zu Tag, von Monat zu Monat, von Jahr zu Jahr immer weniger ängstlich –, richtete er sich allmählich im Osten ein, warum, wusste er selbst nicht. Er zog in eines der vielen, nun leerstehenden Häuser zwischen Mittelmeerufer und Jericho, er begann, einen weißen, etwas zu großen, kurzärmligen Burnus zu tragen und gebratene Hoden von Kamelen und Löwen zu essen. Er kaufte sich Kühe und Ziegen und eine kleine verdorrte Apfelsinenplantage, er heiratete eines Tages sogar eine junge Araberin und bekam mit ihr sieben Söhne und sieben Töchter, und als er schon fast vergessen hatte, dass er dem Memwi geschrieben hatte, bekam er endlich eine sehr lange, ausführliche und vom Memwi persönlich handgeschriebene Antwort.

»Es war genau die Antwort, die er von Anfang an erwartet hatte«, sagte Max plötzlich laut und deutlich zu Elsa, während sie jetzt langsam die steile und endlose Außentreppe der *Bessarabia* hinunterstiegen, wobei er immer wieder mit seinem Koffer knallend und scheppernd gegen das Metallgeländer stieß und gleichzeitig leise stöhnte. Und als Elsa sich fragend und besorgt zu ihm umdrehte – sie ging ein, zwei Stufen vor ihm –, nahm er plötzlich ganz viel Schwung und warf den hellen Lederkoffer über die Reling in das dunkle, schmutzige, stinkende Hafenwasser.

Michael Haas

»Wenn ich komponiere, bin ich wieder in Wien«
Exilmusik und Rückkehr

Auf meine Frage, warum er, der fast sein ganzes Leben in Kalifornien zu-
gebracht hat, im Stil von Hugo Wolf, Gustav Mahler und Richard Strauss
komponiere, sagte Robert Fürstenthal (1920–2016) den bemerkenswer-
ten Satz: »Wenn ich komponiere, bin ich wieder in Wien.«[1] Er ist nicht
nur titelgebend für meinen Beitrag hier, sondern auch für die Dauer-
ausstellung des exil.arte Zentrum der mdw – der Universität für Musik und darstellende Kunst Wien.[2] Der Musikkritiker und Komponist
Walter Arlen (geb. 1920) hingegen, der in Santa Monica lebt, hat seine
Kompositionen in einem ausgesprochen amerikanischen Idiom des
20. Jahrhunderts gehalten. Aber wie bei Fürstenthal waren auch seine
Werke von vornherein »für die Schublade« vorgesehen. Dass er Rilke-
Gedichte nach englischer Übertragung vertonte, erklärte Arlen damit,
dass es zu jener Zeit keine Rilke-Ausgaben auf Deutsch in Los Angeles
gegeben habe.[3] Der Operettenkomponist Robert Freistadtl (1889–1948)
komponierte im englischen Exil Volksmärsche als Zeitvertreib – also
ebenfalls alles für die Schublade –, wie auch Julius Bürger (1897–1995),
der seine Wienerlieder im New Yorker Exil, oder Hanns Eisler, der seine
später unter dem Titel *Hollywooder Liederbuch* veröffentlichten Kunst-
lieder im Exil in Los Angeles komponierte.

Über lange Zeit hat man sich auch im Bereich der Exilmusik intensiv
mit der »inneren Emigration« von Komponisten wie Karl Amadeus
Hartmann[4], Felix Petyrek[5] oder Max Butting[6] befasst. Allesamt Komponisten, die in Nazi-Deutschland geblieben sind und weiterhin kom-
ponierten, ohne Werke für Aufführungen freizugeben, und die ihren
Lebensunterhalt durch Konzertauftritte oder auch eine Professur verdien-
ten oder wie Karl Amadeus Hartmann gänzlich in finanzieller Abhän-

gigkeit – in seinem Fall vom Schwiegervater – lebten. Die erzwungene Abstumpfung der Kunst unter der NS-Diktatur führte unausweichlich zu einem kreativen Vakuum, durch die »innere Emigration« wurde Kreativität regelrecht abgewürgt. Nicht einmal ein gewagtes »Samisdat« der Musik kam zustande. Progressives oder Experimentelles wurde höchstens noch der Schublade anvertraut ganz wie Freistadtls Volksmärsche. Als der Krieg vorbei war und Deutschland ein neues Musikland werden wollte, tauchten auf einmal reihenweise Komponisten aus der »inneren Emigration« auf. Auch Mitläufer oder Parteimitglieder behaupteten, sie seien in ihrer Kreativität so gehemmt gewesen, dass sie ihre wahre Schaffenskraft gar nicht gewagt hätten preiszugeben und als Ersatz Nazi-Märsche geliefert hätten. Es wurde zu kompliziert und zeitaufwendig die Belastung von Komponisten wie Hugo Hermann[7], Hermann Heiß[8] oder Wolfgang Fortner[9] zu bewerten oder sie mit dem gänzlichen Schweigen in Deutschland von Karl Amadeus Hartmann zu vergleichen. Hat man in der NS-Zeit – und war es auch nur im Verborgenen – Zwölftonmusik komponiert, war man im Grunde Antifaschist, selbst wenn man eine Bearbeitung des »Horst-Wessel-Liedes« für die Partei geliefert hatte. Die »innere Emigration« wurde plötzlich das große Ausweichen für die, die irgendwie mitgelaufen sind oder mitlaufen mussten. Aus der »inneren Emigration« hat man plötzlich eine Art »Widerstand« heraufbeschworen. Klar ist, dass nicht jeder emigrieren konnte, und ein Affidavit[10] für jemanden, der mit der Nazi-Politik nicht einverstanden war, hieß ein Affidavit weniger für jemanden, den die Nazis in die Gaskammer geschickt hätten. Musiker, die für ihre Familien zu sorgen hatten, taten das Notwendige, um überleben zu können. Es bleibt, dass »innere Emigration« ein zwiespältiger Begriff ist.

Anders als die »innere Emigration« ist das mindestens ebenso interessante Phänomen der »inneren Rückkehr« noch so gut wie nicht erforscht: künstlerisches Schaffen für die Schublade, ohne Hoffnung auf Öffentlichkeit, ohne Aussicht auf Publikation oder im Fall der Musik auf Aufführung und deshalb meist auch ohne Aufführungsabsicht betrieben. So existieren sowohl bei Robert Fürstenthal wie auch bei Walter

Arlen[11] keinerlei Aufführungsangaben in den Notenmanuskripten – keine Tempi-Angaben, keine Artikulation oder dynamische Anweisungen, keine Bögen über Phrasen. Ganz offensichtlich ist hier »Aufführung« ausschließlich für das innere Ohr des Komponisten gedacht worden. Walter Arlen kam in Verlegenheit, als er anlässlich einer Aufnahme seiner Lieder behauptete, jeder gute Musiker müsse spüren, was er damit wolle. Erstklassige Musiker und Musikerinnen konnten ihm bei einer Tonaufnahme die zu interpretierenden Ambiguitäten exakt vorweisen. Ähnlich verhielt es sich mit einer Aufnahme von Fürstenthal-Liedern. Hier ging es um Werke, die einem modernen Publikum nicht zugedacht waren und rein die »innere Rückkehr« repräsentierten, den Wunsch, wieder nach Wien zurückzukehren in eine Zeit der Jugend, als es noch keine Nazis gab. Fürstenthal ging es nicht darum, dem Zeitgeist zu folgen, ihn aufzunehmen, ihm ging es um Flucht in die imaginierte Vergangenheit, die er so noch nicht einmal selbst hatte erleben können. Anders Robert Kahn (1865–1951), der im englischen Exil mit täglichen Klavierkompositionen die Flucht in die Vergangenheit betrieben hatte, oder Hans Gál (1890–1987) im schottischen Exil, der sich selbst zum 80. Geburtstag 24 Klavierpräludien und zum 90. Geburtstag die Fugen dazu komponierte. Alle 48 Stücke bezeugen seine innere Rückkehr zur »deutschen Musiktradition« und waren für den öffentlichen Vortrag nicht vorgesehen.

Das sogenannte *Hollywooder Liederbuch* ist eine lose Auswahl von Liedern, die Hanns Eisler nach und nach komponierte, als er unter dem »Kreativitätszwang der Langeweile« eines Exilkomponisten litt.[12] Eisler ging es dabei um die Freiheit, Lieder genau nach seinen Vorstellungen zu komponieren. Manche davon sind bewusst fragmentarisch, während andere weit ausschweifen. Die meisten Texte stammten von Bertolt Brecht, die Eisler aber so umstellte, wie er es für seine musikalischen Zwecke brauchte: Manche Gedichte sind gekürzt, in anderen ist die Reihenfolge der Strophen geändert. Die eigene Vorstellung und Kreativität waren so tief verinnerlicht, dass er nicht einmal vor dem Genius seines Dichterfreundes haltgemacht hat. Es waren Lieder für ein imaginäres Publikum – ein Publikum, das es noch gar nicht gab. Heutzutage wird oft eine Auswahl der Lieder als »Zyklus« vorgetragen, ohne dass sie jemals dazu erdacht waren. Es gibt keinerlei narrative Verbindung von einem Lied zum anderen – sogar die *Hollywooder Elegien* von Brecht sind von Eisler einzeln konzipiert, jedes Lied blitzt Haiku-artig schnell vorbei, bevor man die enthaltene Verzweiflung überhaupt mitbekommen hat.

Walter Arlen und Robert Fürstenthal als Beispiel

Die beiden Wiener Komponisten Robert Fürstenthal und Walter Arlen stellen ein besonderes Beispiel für die »innere Rückkehr« dar. Der eine, Fürstenthal, am 27. Juni 1920 geboren, war vereinfacht gesagt ein »Hobbykomponist«, während der andere, Walter Arlen, der nur einen Monat später, am 31. Juli 1902 zur Welt kam, ein gründlich ausgebildeter Tondichter war. Arlen war die Zeit, in der er lebte, immer bewusst, und hätte sich nie als Avantgardist gesehen, er konnte nicht anders, als im breiten Strom der Zeit mitzuschwimmen. Fürstenthal löste sich von solchen restriktiven Bedingungen und komponierte für die Welt, in der er am liebsten gelebt hätte. Walter Arlen ging es beim Komponieren um die Aufarbeitung seiner Vergangenheit; Fürstenthal ging es um innere Flucht.

Im musikalischen Idiom blieb Arlen der modernen Romantik der amerikanischen Musik eines Samuel Barber oder Aaron Copland verhaftet. Dagegen vertonte er Texte, auf die Amerikaner vermutlich nie zurückgegriffen hätten, wie etwa Teile aus dem Zyklus *Poet in Exile* von Czesław Miłosz, die Gemeinsames im Erlebten bezeugen:

Certainly we have much in common,
We who grew up in the baroque cities
Without asking what king has founded a church
We passed every day, what princesses lived

In the Palace, what were the name of architects, sculptors,
Where they came from and when, what made them famous.
We preferred to play football in front of ornate porticoes [...].[13]

Zusätzlich sind es wiederum für die Schublade bestimmte Lieder, die eine Auseinandersetzung mit der eigenen Homosexualität belegen, ein Fremder im fremden Lande mit einer gleichgeschlechtlichen Neigung, die er nicht erklären kann und die er sich kaum zu offenbaren wagt. Er nahm als österreichischer Jude die christlichen Texte eines zum Katholizismus getauften Juden, Johannes vom Kreuz, als innere Betrachtung der eigenen Veranlagung:

Ah, who can cure me?
For sick with love am I –
The creatures all around
Speak of your thousand beauties –
O come I beg of you send no messenger to me –
For what I yearn to know they cannot tell me [...].[14]

Dieses Lied ist gleich den anderen vier Vertonungen von Texten von Johannes vom Kreuz von einer bittersüßen Melodik der unheilbaren Melancholie geprägt – alle vier gehören zu den zugänglichsten Melodien, die Arlen je komponiert hat. Erst später, nachdem er vom Selbstmord seines geliebten Vetters erfuhr, wagte er sich wieder an seine eigene Muttersprache:

Singet leise, leise, leise,
Singt ein flüsternd Wiegenlied,
Von dem Monde lernt die Weise,
Der so still am Himmel zieht.

Singt ein Lied so süß gelinde,
Wie die Quellen, auf den Kieseln,

Wie die Bienen, um die Linde,
Summen, murmeln, flüstern, rieseln.[15]

Davor hat Walter Arlen sich nur ein einziges Mal musikalisch der deutschen Sprache anvertraut: und zwar unmittelbar nach dem »Anschluss« Österreichs, als sein Vater von der Gestapo verhaftet wurde:

Es geht wohl anders, als du meinst,
Derweil du rot und fröhlich scheinst,
Ist Lenz und Sonnenschein verflogen,
Die liebe Gegend schwarz umzogen.

Und kaum hast du dich ausgeweint
Lacht alles wieder, die Sonne scheint,
Es geht wohl anders, anders, anders!
Es geht wohl anders, als man meint.[16]

Diese Textbrücken zur deutschen Sprache belegen den Zwiespalt seiner inneren Rückkehr. Zu Beginn seines Exils, als er noch kaum Englisch sprach, und aus seiner Bestürzung über den Selbstmord seines Vetters heraus griff Arlen auf seine Muttersprache zurück. Für ihn hat dieser Selbstmord »auf Deutsch« stattgefunden und kam dem Selbstmord der deutschen Sprache gleich.

Im Gegensatz dazu hat der Komponist Robert Fürstenthal englische Texte nur zögerlich und wenn, dann eher experimentell angenommen. Er vertonte die englische Sprache erst, als er sich in musikalischer Sicherheit mit der deutschen Sprache empfunden hat. Sein Bedürfnis, sich in einer musikalischen Heimat wohlzufühlen, war ihm wichtiger als die neu erworbene Sprache. Zudem vertrug seine musikalische Heimat kein Englisch. Fürstenthal waren sogar die Texte eines mit den Nazis sympathisierenden Dichters wie Josef Weinheber lieber als Rilke auf Englisch, auch wenn sie von einer geliebten Heimat sprachen, die Weinheber dem Juden Fürstenthal niemals gegönnt hätte.

Wenn nie mehr die Sonne wär
Und nie mehr Frühling und nie,
nie Mond mehr über bleichen Dächern,
wenn alle Farben tot und alles Helle;
Ich würde trauern, aber nicht verderben [...].[17]

Dass beide Komponisten sich vom Hohelied angezogen fühlten und parallel an einer Vertonung arbeiteten, deutet ihre mögliche Rückkehr zur jüdischen Identität an. Arlen nahm den biblischen Text aus einer englischen Übersetzung des Alten Testaments, während es Fürstenthal in der 1916 entstandenen Textbearbeitung von Josef Weinheber vertonte. Weinheber benutzte den alttestamentarischen Text, um dem österreichischen Patriotismus während des Ersten Weltkrieges einen biblischen Unterbau zu verleihen. Arlen nahm ihn als Exil-Jude der amerikanischen Diaspora. Weder Arlen noch Fürstenthal waren gläubige Juden; dennoch griffen beide den jüdischen Text auf, nicht nur um eine vermutete Rückkehr zur jüdischen Identität anzustreben, sondern mehr noch, um sich in einer Rückkehr zur österreichischen jüdischen Identität zu bestätigen.[18]

Innere und äußere Rückkehr

Als Pendant zur »inneren Rückkehr« als privater Angelegenheit und einer Art Verinnerlichung der Heimat gibt es die »äußerliche Rückkehr«, die konkrete Anzeige des inneren Prozesses. Als Erich Wolfgang Korngold in Hollywood Filmmusik komponierte, nahm er alles an »Vorbild« aus Wien mit, was möglich war: Walzer, Märsche und Operettenschmalz tauchen in Action-Filmen mit Errol Flynn auf.[19] Sogar das bekannte »Taras-Thema« aus dem Film *Vom Winde Verweht* – von Korngolds Wiener Kollegen Max Steiner – erscheint wie das Zwischenspiel zum dritten Akt einer Lehár-Operette. Das Publikum nahm solche Angebote arglos als ausdrucksstarke Filmuntermalung. Korngold und Steiner nutzten die

Gelegenheit für das subtile Hineinschmuggeln ihrer Heimatmusik in fremde Gefilde. In einer Zeit des Krieges gegen die Nazis unterbreiteten Korngold und Steiner auf subversive Weise die Musik ihrer kulturellen Heimat.

Auch von Interpreten wurde die »innere Rückkehr« nach außen getragen und bildete repertoiremäßig ein immer präsenteres Phänomen. Artur Schnabel und Rudolf Serkin haben auch in den Vereinigten Staaten unverändert Mozart, Beethoven und Schubert gespielt. Ihre unermüdliche Verteidigung dieser Komponisten gegen Nazi-Deutschland ließ eine eigene amerikanische und britische »Wiener Tradition« entstehen. Das Amadeus-Quartett, der Inbegriff eines »Wiener Quartetts«, setzte sich zusammen aus jungen Wienern, die vor den Nazis aus Wien geflohen sind und in England bei Max Rostal, einem Violinisten und Kammermusiker aus Wien, studierten. Unter Vertrag bei der Deutschen Grammophon-Gesellschaft galten sie über zwei Generationen hinweg als *die* »Wiener Interpreten« für Werke von Haydn bis Schönberg. Es gab kaum österreichische oder deutsche Ensembles nach dem Krieg, die es an Stichhaltigkeit mit diesem Exil-Quartett aufnehmen konnten. Auch sonst tauchten internationale Streichquartette aus Amerika und anderen Zufluchtsländern auf, an deren idiomatischer »Authentizität« kein Musikrezensent zweifeln konnte. Das Emerson String Quartet oder das Juilliard String Quartet sind nur zwei Beispiele dafür. Aus der »inneren Rückkehr« im Exil entwickelte sich eine amerikanische Tradition von Beethoven-, Mozart- und Schubert-Interpretation, die dann als Reimport nach Deutschland und Österreich zurückging. Studenten von Rudolf Serkin oder Artur Schnabel wie Leon Fleischer, Peter Serkin, Richard Goode, Eugene Istomin oder Seymore Lipkin stehen für die Wirkung der inneren Rückkehr, die sich in der Weitergabe einer Tradition der mitteleuropäischen Heimat niederschlug.

In England hat die »innere Rückkehr« von Paul Hamburger nicht nur eine ganze Generation von Liedinterpreten und -interpretinnen hervorgebracht – beispielhaft sei hier nur Janet Baker genannt –, zusammen mit dem Schönberg-Schüler Erwin Stein hat Hamburger unter anderem auch den britischen Komponisten Benjamin Britten stark geprägt. Als dieser nach seinem Studienabschluss bei Alban Berg studieren wollte, wurde sein Vorhaben allerdings durch die Vorurteile seiner Familie und der Lehrer am Royal College in London vereitelt. Umso willkommener mussten Britten die in London eintreffenden und die Wiener Tradition repräsentierenden geflüchteten Musiker sein. Nicht nur Stein und Hamburger, auch Hans Keller brachte eine tiefe Musikkenntnis nach England, die weite Kreise in seiner neuen Heimat erreichen sollte. Überhaupt war das Konzept »Musikwissenschaft« etwas Fremdartiges für britische und amerikanische Musiker und Musikerinnen. Als Egon Wellesz seinen Lehrstuhl an der Oxford University einnahm, wurde ihm erklärt, dass Musikstudierende in Oxford nur als »Organisten der großen Kathedralen« ausgebildet werden und daher »keine Musikwissenschaft nötig hätten«. Trotz seines Alters und der Aussichtslosigkeit als Flüchtling an einer britischen Universität ist es Wellesz immerhin gelungen, die vergleichende Musikwissenschaft seines Lehrers Guido Adler auch in England zu etablieren. Und schließlich hat der im schottischen Exil lebende Hans Gál im Jahr 1948 zusammen mit dem Wiener Musikmanager Rudolf Bing das Edinburgh Festival gegründet. Der eigentliche Antrieb dafür war die atmosphärische Schaffung eines idealisierten Salzburgs, so wie es nach dem Krieg idealerweise hätte werden sollen. Sie gestalteten ein Festival der Vielfalt und Inklusion, das bis heute in Salzburg seinesgleichen sucht.

Die innere Rückkehr steht für den Versuch von Kunstschaffenden im Exil, kulturelle Eigenschaften und Traditionen ihrer Heimat im neuen Land aktiv weiter zu gestalten. So ist es zum Beispiel etablierten Musikverlagen in Amerika und England wie Schirmer und Boosey & Hawkes gelungen, durch Bestrebungen mitteleuropäischer Musiker und Musikerinnen, die eigentlich nur ihre gewohnte Arbeitsweise im Exilland fortsetzen wollten, im internationalen Musikgeschäft zu wirtschaftlich mächtigen Unternehmen zu avancieren. Die Musikverlage in London und New York waren vor der in den 1930er-Jahren einsetzenden Flüchtlingswelle ebenso provinziell wie die in Wien und Berlin und wurden nach ihrer transnationalen Vereinigung so groß, dass sie das Musikleben in der ganzen Welt beeinflussen konnten. Die Kooperation mitteleuropäischer Verleger mit Verlagen im Exilland verhalf zu neuen erfolgreichen Geschäftsmodellen.

Die kuriose Geschichte des Hans Winterberg

Die vielleicht skurrilste Form der »inneren Rückkehr« findet man bei Hans Winterberg – einem jüdischen Komponisten aus Prag, der zwar gewöhnlich Deutsch sprach, sich aber bei der tschechischen Volkszählung 1930 als »kulturell und sprachlich Tschechisch« eintrug.[20] Er heiratete 1930 die katholische, deutsch-böhmische Komponistin und Pianistin Maria Maschat; 1935 kam ihre Tochter Ruth zur Welt. Wie den tschechischen Komponisten Hans Krása[21], Erwin Schulhoff[22], Pavel Haas[23] und Bohuslav Martinů[24] war auch Winterberg seine tschechische Identität sehr bewusst, ganz unabhängig von der jeweils gesprochenen Sprache. Bedřich Smetana,[25] der Inbegriff eines tschechischen Nationalkomponisten, erlernte die tschechische Sprache sogar erst im Alter von 40 Jahren. Der im Jahr 1918 neu gegründete Nationalstaat Tschechoslowakei ist aus dem Erbe des Habsburger Vielvölkerstaats hervorgegangen, wobei jedoch die den Gründern vorschwebende Einheitlichkeit mit nur einer Sprache, einer Kultur, einer Religion eine Fata Morgana blieb. Die Volkszählung zwölf Jahre nach der Staatsgründung war ein Versuch, Klarheit über die ethnische Diversität zu gewinnen, und die als »Deutsch« eingetragenen Bürger sind 1945 Opfer der sogenannten »Beneš-Dekrete« geworden und aus ihrer tschechischen Heimat als »Mitläufer und Mitläuferinnen« der NSDAP ausgewiesen worden.

Diese Vorgeschichte ist wichtig, um die späteren Entscheidungen zu verstehen, die Winterberg treffen musste. 1944 war der Status der »privilegierten Ehe« im NS-Staat schon lange abgeschafft, das heißt, »arische« Ehepartner wurden wie Juden behandelt. Sie konnten weder arbeiten noch ihr Haus verlassen, und ihre Kinder durften keine »arischen« Schulen besuchen. Sie trugen den gelben »Judenstern« und lebten eingepfercht mit anderen Familien zusammen in sogenannten »Judenhäusern«. Wie viele andere »Mischehepartner« ließen sich die Winterbergs im Dezember 1944 scheiden. Hans Winterberg überreichte seine Manuskripte Maria Maschat und kam einen Monat später nach Theresienstadt. Mit der Befreiung im Mai 1945 bekam er die tschechische Repatriierung und durfte in seine Familienwohnung zurückkehren.[26] Zu diesem Zeitpunkt waren Frau und Tochter (als »Deutsche«) schon nach Deutschland deportiert. Seine Manuskripte waren noch im Besitz seiner Ex-Frau Maria Maschat, die nun in München als Korrepetitorin beim Bayerischen Rundfunk arbeitete. Die Tochter Ruth war inzwischen in einem Heim für verhaltensgestörte Kinder. Als halbjüdisches Kind wurde sie fast ihre gesamte Kindheit ausgegrenzt und erlebte mit zehn Jahren zusammen mit ihrer Mutter die plötzliche Deportation in einem Viehwagen aus der eigenen Heimat. Ruth war mit 13 Jahren geistig zusammengebrochen und sollte noch ein Leben lang daran zu leiden haben.

1946 beantragte Winterberg einen tschechischen Pass, um nach Deutschland ausreisen und seine Manuskripte zurückholen zu können. Die Verpflichtung einer Rückkehr nach Prag, das im Gegensatz zu München relativ unbeschädigt und *noch* demokratisch war, war Voraussetzung.[27] Er bekam den Pass und die Ausreisebewilligung im Jahr 1947 und ging zu seiner Frau nach Riederau am Ammersee. Sie sorgte für ihn und beschaffte ihm Arbeit als Lektor beim Bayerischen Rundfunk. Später konnte sie ihm eine Position am Richard-Strauss-Konservatorium in München vermitteln. Nach dem kommunistischen Staatsstreich 1948 wollte Winterberg nicht nach Prag zurückkehren. Es ist unklar, ob diese Absicht hauptsächlich politisch oder eher privat motiviert war. Bald darauf heiratete er seine Schülerin Heidi Ehrengut.

Um in Deutschland bleiben zu können, hatte Winterberg nur die Möglichkeit, sich als »Deutsch-Böhme« zu deklarieren. Wie aus amtlichen Schreiben hervorgeht, gab er an, er sei wie andere tschechische Juden bis 1947 noch in Theresienstadt inhaftiert geblieben.[28] Da Deutsch-Böhmen beziehungsweise Sudetendeutsche nach Deutschland ausgewiesen wurden, entschieden sich viele Juden, die sich bei der Volkszählung 1930 als »Deutsche« hatten eintragen lassen, keinesfalls eine Deportation nach Deutschland zu riskieren und stattdessen lieber interniert zu bleiben, bis eine Ausreise nach Israel oder Amerika oder ein anderes Land möglich wurde. Winterberg war daher für die bayrischen Behörden eine ausgesprochene Ausnahme.

Der sudetendeutsche Dirigent Fritz Rieger, ein ehemaliges NSDAP-Parteimitglied, hat sich sodann Winterbergs Musik angenommen. Ob er ihn als »sudetendeutschen« Komponisten verstanden hatte, bleibt offen. Jedenfalls schätzte er die Musik von Winterberg sehr und hat beim Bayerischen Rundfunk etliche seiner Orchesterwerke eingespielt. Insgesamt liegen dort mehr als 20 Stunden an Aufnahmen von Winterbergs Werken vor. Zeitgleich mit dieser positiven Entwicklung wurde Kritik aus der sudetendeutschen Musikszene laut, unter anderem von Heinrich Simbriger, einem der geistigen Väter des heutigen Sudetendeutschen Musikinstituts. Aus einem Brief von Winterberg an Simbriger geht hervor, dass Letzterer an Winterbergs Behauptung, »Deutsch-Böhme« zu sein, zweifelte. Winterberg reagierte auf die Vorhaltungen ausweichend mit Bemerkungen wie: »Haben Sie mich schon tschechisch reden gehört?«[29] Er behauptete obendrein, dass er sich über seinen Vater geärgert habe, der angeblich das Volkszählungsformular für ihn ohne sein Wissen ausgefüllt hatte, und dass er sich den tschechischen Behörden gegenüber als »Deutsch-Böhme« deklariert habe und daraufhin sofort ausgewiesen worden sei, was vorliegende Dokumente allerdings eindeutig widerlegen.

1967 heiratete Winterberg Luise-Maria Pfeiffer. Aus welchem Grund auch immer adoptierte er ihren 22-jährigen Sohn Christoph, der zu dieser Zeit Student an der Münchner Universität war und den er kaum kannte. Christophs leiblicher Vater war ein SS-Mann, und Luise musste in schwangerem Zustand den berüchtigten »Todesmarsch« 1945 aus dem Sudetenland antreten. Sie und Winterberg zogen nach der Hochzeit nach Bad Tölz, weitab von der sudetendeutschen Gemeinde, und schienen eine glückliche Ehe zu führen. Er komponierte, und seine Werke sind immer wieder beim Bayerischen Rundfunk gelandet, wo sie von den wichtigsten Musikern und Musikerinnen seiner Zeit eingespielt wurden. 1991 starben Hans und Luise innerhalb von nur wenigen Wochen nacheinander. Der Nachlass ging an Christoph, der ihn für 6000 D-Mark an das Sudetendeutsche Musikinstitut verkaufte. In § 4 des zwischen den Parteien im Jahr 2002 geschlossenen Vertrags ist Folgendes zu lesen:

»Aus Gründen des Persönlichkeitsschutzes sperrt das Sudetendeutsche Musikinstitut den gesamten übergebenen Nachlaß von Hans Winterberg bis zum 31. Dezember 2030 für jegliche Benutzung. Dies gilt für öffentliche sowie hausinterne Benutzung des Sudetendeutschen Musikinstituts. Ausnahmen hiervon bedürfen der Zustimmung von Christoph Winterberg. Dies gilt vor allem für Kopien des Notenmaterials, die gegebenenfalls für Aufführungen der Werke von Hans Winterberg benötigt werden. Aufführungen bedürfen in jedem Fall der Zustimmung von Christoph Winterberg, wobei sichergestellt sein muß, daß die jeweilige Veranstaltung ausschließlich unter dem Motto ›Sudetendeutsche Komponisten‹ steht. Auch Zusätze wie ›jüdischer Herkunft‹ oder ähnliche, die als Hinweis auf jüdische Herkunft dienen können, dürfen nicht verwandt werden.«[30]

Es ist zu vermuten, dass diese Bestimmungen auf Winterbergs leibliche Tochter Ruth zurückgingen. Erst als 2015 der Vertragsinhalt über einen Blog veröffentlicht wurde,[31] konnte der Vertrag samt Embargo aufgehoben und Winterberg, der noch lange unter Urheberrecht geschützt war, wieder gespielt, gesendet und gehört werden. Die vertragliche Verdrängung seiner jüdischen Herkunft war in Anbetracht der Tatsache, dass Winterberg die Ermordung seiner Mutter 1942 im KZ noch miterleben musste, und in Anbetracht der Verfemung seiner Frau und Tochter sowie der Arisierung der Familienfirma ein ausgesprochenes Verbrechen gegen das heutige Deutschland und gegen Winterberg selbst.

Inzwischen geht die Wiederentdeckung von Hans Winterberg voran, womit wir beim Punkt »innere Rückkehr« angelangt sind. Schon vor seiner Ausreise aus der Tschechoslowakei und seiner Tarnung als »Deutsch-Böhme« hat Winterberg seine tschechische Identität musikalisch umgesetzt, indem er die Linie der tschechischen Musik des Leoš Janáček[32] ungebrochen fortsetzte. Die deutsch-österreichischen Prägungen der tschechischen Nationalmusik eines Smetana oder Dvořák sind mit Janáček in eine Sprache gemündet, die von Dissonanz, Polyrhythmen und kantigen Melodiebrocken charakterisiert ist. Diese rein tschechischen Eigentümlichkeiten stellten einen ausgeprägten Unterschied zur »Neuen Sachlichkeit« in Deutschland und zur österreichischen »Zwölftontechnik« dar. Winterberg hat diese Eigenschaften im deutschen Exil sogar noch betont und sich merklich von der damaligen deutschen Avantgarde distanziert. Seine Musik offenbarte seine eigentliche tschechische Identität, sie war auch der Grund, dass Heinrich Simbriger ihn als Kulturgaukler verdächtigt hat. In einem Brief an Sir Cecil Parrott, den damaligen Gesandten Großbritanniens in Prag, räumte Simbriger Winterberg zwar ein »gewisses Talent« ein, machte sonst aber sehr deutlich, dass er wenig von ihm hielt.[33] Winterberg hat seine »deutsch-böhmische Musik« durch die »innere Rückkehr« nach Tschechien in Simbrigers Augen diskreditiert.

Zusammenfassung

Es gibt wohl kaum Exilkomponisten, die ihre Identität nicht durch irgendeine Art von »innerer Rückkehr« offenbart haben. Entweder sie traten eine Art innerer Flucht zurück in eine Welt ohne Nazis an, wie es bei Fürstenthal der Fall war, oder sie begannen eine Aufarbeitung der aktuellen Lage in Anbetracht der Vergangenheit wie bei Arlen und Eisler. Man komponierte nicht nur für die Schublade, also nur für sich, sondern auch für ein inzwischen verflossenes Publikum. Hitler hat nicht nur zahllose Künstler vertrieben, er hat auch ihren Gönnern und ihrem Publikum den Garaus gemacht. Die Musik für die Schublade war bestenfalls ein leises Andenken an sie.

Es gab auch Komponisten, die ihre innere Rückkehr nach außen trugen und dadurch eine Synthese erreichten, die bis heute spürbar geblieben ist. Abgesehen von der tatsächlichen Internationalität der Wiedergabe des deutsch-österreichischen Repertoires – wer macht sich heute noch Gedanken darüber, dass eine Mitsuko Uchida oder ein Lang Lang Mozart oder Schubert spielt? – ist auch die Art, Musik als Kunstform zu verarbeiten, internationaler geworden. Vor der NS-Zeit waren Streichquartette oder Liederabende außerhalb ihrer natürlichen Heimat in Mitteleuropa eher exotische Seltenheiten. Der innere Drang, im Schaffen auf Vertrautes zurückzugreifen, hat das gesamte Musikverlagswesen stark geprägt, wie auch das Musikmanagement einen ähnlichen Werdegang nahm: Etablierte Agenturen aus Berlin und Wien setzten ihre Methoden in New York und London fort – und waren sehr erfolgreich damit. Ihre Ankunft war eine Offenbarung für die schon etablierten Agenturen, die mit irgendeiner Art von »Konkurrenz« wohl niemals gerechnet hatten. Dabei ging es den Agenturen aus Wien und Berlin auch gar nicht um Konkurrenz, sondern nur darum, weiter zu agieren wie zuvor. Sie griffen unwillkürlich auf das Gewohnte zurück, wodurch sie unversehens eine Erneuerung der Branche initiierten.

Unterschätzt werden darf schließlich auch nicht das als rein Privates betrachtete Heimweh samt dazugehöriger Nostalgie. Ohne diese gemütskranke Kombination hätte es letztendlich keine Hollywood-Musik von Erich Wolfgang Korngold oder Max Steiner gegeben. Der Zwang, Musik am Fließband zu produzieren, musste über kurz oder lang in das Langvertraute münden. Es ging noch weiter, als hier ein Walzer oder dort ein Marsch einbezogen wurde, und entwickelte sich in die wohlbekannte Sprache der Spätromantik. Egal ob *Casablanca, Vom Winde verweht* oder *Der Herr der Sieben Meere*, Wiener Musik schwebt immer mit. Der vor den Bolschewisten geflohene russische Filmkomponist Dimitri Tiompkin gab auf die Frage, wie es dazu kam, dass ausgerechnet ein russischer Jude aus Petersburg den amerikanischen Wilden Westen so idiomatisch vertonen konnte, die Antwort: »If you've seen one steppe, you've seen them all.« Das Zurückgreifen auf Altbekanntes verwandelte sich im Exil in Neugewohntes.

Anmerkungen

1 Aus einem Gespräch mit dem Autor in San Diego am 8. Dezember 2015.

2 Das exil.arte Zentrum an der Universität für Musik und darstellende Kunst Wien ist das einzige Exilmusikzentrum und Archiv von Europa.

3 In einem Gespräch mit mir als Aufnahmeleiter der Einspielung von Walter-Arlen-Liedern im September 2010 mit Rebecca Nelsen, Sopran, Christian Immer, Bariton, und Danny Driver am Klavier. Die CD wurde von Gramola veröffentlicht.

4 Karl Amadeus Hartmann (1905–1963) war ein deutscher Komponist, der sich in der Zeit des »Dritten Reiches« vollkommen aus der Öffentlichkeit zurückgezogen und damit eine Haltung eigenommen hatte, die später als »innere Emigration« bezeichnet wurde.

5 Felix Petyrek (1892–1951) war ein österreichischer Komponist, der in der Zeit des Nationalsozialismus und als NSDAP-Mitglied nur als Pianist auftreten durfte.

6 Max Butting (1888–1976) war ein deutscher Komponist, der trotz seiner Parteimitgliedschaft während der NS-Zeit nur als Eisenhändler arbeiten konnte.

7 Hugo Herrmann (1896–1967) war ein deutscher Komponist, der NSDAP-Mitglied wurde und 1944 aus der Partei wieder ausgetreten ist. 1933 bearbeitete er das Horst-Wessel-Lied für Handharmonika.

8 Hermann Heiß (1897–1966) war ein deutscher Komponist, der zwar bei Arnold Schönberg und Josef Matthias Hauer studierte und Zwölftonmusik komponierte, aber während des Nationalsozialismus auch Propagandalieder lieferte.

9 Wolfgang Fortner (1907–1987) war NSDAP-Mitglied und Leiter des HJ-Bannorchesters Heidelberg.

10 Ein Affidavit ist eine Bürgschaft, die ein Bürger eines Aufnahmelandes für einen Einwanderer übernimmt.

11 Eigentlich hieß Walter Arlen Walter Aptowitzer. Den Namen Arlen nahm er auf Empfehlung eines in Chicago lebenden Onkels nach seiner Ankunft in Amerika 1939 an.

12 Hans Bunge: *Fragen Sie mehr über Brecht – Gespräche mit Hanns Eisler*. München 1970, S. 205.

13 Aus »For J.L.« aus dem Zyklus *Poet in Exile* von Czesław Miłosz.

14 »Ah, Who Can Cure Me?«: Lied Nr. 4 aus dem Zyklus *Five Songs of Love and Yearning*, Text von Johannes vom Kreuz.

15 »Wiegenlied«, Text von Paul Heyse.

16 »Es geht wohl anders«, Text von Joseph von Eichendorff.

17 »Liebeslied« aus Fürstenthals Zyklus *Spätlese 8*, Text von Josef Weinheber.

18 Obwohl Robert Fürstenthal in San Diego wohnte und Walter Arlen in Santa Monica, haben die beiden Komponisten sich weder getroffen, noch sind sie sich zufällig begegnet.

19 Als Beispiel kann man den Walzer »Miss Austria« aus Korngolds Fertigstellung der Operette *Rosen aus Florida* des verstorbenen Komponisten Leo Fall erwähnen. Er wurde in Hollywood als »March of the Merry Men« sowie in der »Waldszene« von *Robin Hood, König der Vagabunden* verwendet.

20 Datiert auf den 01.12.1930: Kopie in der Winterberg-Sammlung, exil.arte Zentrum, mdw, Wien.

21 Hans Krása (1899–1944) wurde in Auschwitz ermordet.

22 Erwin Schulhoff (1894–1942) starb im Internierungslager Wülzburg an Tuberkulose.

23 Pavel Haas (1899–1944) wurde in Auschwitz ermordet.

24 Bohuslav Martinů (1890 –1959) starb im amerikanischen Exil.

25 Bedřich Smetana (1824–1884) wurde durch den sechsteiligen Zyklus sinfonischer Dichtungen *Mein Vaterland* (Vyšehrad, Vltava, Šárka, Z českých luhů a hájů, Tábor, Blaník) bekannt, in dem als bekanntestes Werk *Die Moldau* enthalten ist.

26 Datiert auf den 04.06.1945: Kopie bei der Winterberg Sammlung, exil.arte Zentrum, mdw Wien.

27 Datiert auf den 30.06.1946: Kopie bei der Winterberg Sammlung, exil.arte Zentrum, mdw Wien; die Genehmigung ist auf den 23.07.1947 datiert und liegt bei der Winterberg Sammlung, exil.arte Zentrum, mdw Wien vor.

28 Brief von Ministerialdirigent Dr. Adam an die Regierung von Oberbayern vom 06.10.1952: Kopie bei der Winterberg Sammlung, exil.arte Zentrum, mdw Wien.

29 Brief von Hans Winterberg an Heinrich Simbriger vom 06.06.1955: Winterberg Sammlung, exil.arte Zentrum, mdw Wien.

30 Vertrag des Sudetendeutschen Musikinstituts mit Christoph Winterberg, datiert auf den 02.09.2002: Kopie aus der Winterberg Sammlung, exil.arte Zentrum, mdw Wien.

31 https://forbiddenmusic.org/2015/06/10/the-ominous-case-of-the-hans-winterberg-puzzle/

32 Leoš Janáček (1854–1928), tschechischer Komponist, der die Nationalmusik von deutschen Traditionen gelöst hat.

33 Brief von Heinrich Simbriger an Sir Cecil Parrott vom 05.01.1975: Kopie aus der Winterberg Sammlung: exil.arte Zentrum, mdw Wien.

Dirk von Gehlen
Heimat hacken
Wie das Internet eine neue Begriffssoftware schreibt

»Heimat erhalten«. Diesen Slogan hat die Alternative für Deutschland (AfD) groß auf ihr Wahlplakat geschrieben. Offenbar gibt es ein Problem mit dem nicht weiter definierten Begriff. Die Heimat scheint in keinem guten Zustand zu sein, ihr Erhalt infrage zu stehen. Sie ist offensichtlich bedroht, und diese Probleme mit der Heimat stehen offenbar in einer Verbindung mit der belgischen Hauptstadt. Jedenfalls ist im oberen Drittel des Plakats die Frage notiert: »Geht's noch, Brüssel?«

Das Plakat stammt aus dem Europawahlkampf der AfD. Es ist ein Symbol für das Erstarken rechtsnationaler politischer Parteien überall in Europa. So wirkt es jedenfalls auf den ersten Blick: Es kann als weiterer Beweis dafür gesehen werden, wie der kaum definierte Begriff Heimat dazu beigetragen hat, eine Politik der Abgrenzung und der Nationalismen zu fördern: Kann man die Forderung »Heimat erhalten« nicht auch in Italien, Polen, Ungarn und Schweden lesen? In unterschiedlichen Sprachen, aber in gleichem Duktus – als Schlagwort gegen die Idee von Verbindung und von Europa, als Rückzugsbewegung gegen die beschleunigte Gegenwart. »Geht's noch, Brüssel?«, fragen die Heimatverteidiger in vielen Ländern Europas und in anderer Ausrichtung auch außerhalb des Kontinents. Sie nutzen den Begriff, um ein verklärtes Bild der Vergangenheit zum politischen Programm zu erheben. Und sie sind damit erstaunlich erfolgreich. Im Wirtschaftsmagazin *Economist* war deshalb unlängst sogar von einem »Ausbruch der Nostalgie« zu lesen, der die Welt erfasst habe. Von den USA über China, von Mexiko über Brasilien bis vor allem nach Großbritannien beobachtet das Magazin eine »Orgie der Reminiszenz«.[1] Und deren wichtigster Treiber scheint etwas zu sein, »das allen in die Kindheit scheint und worin noch niemand war: Heimat«.[2] So definierte Ernst Bloch am Ende von *Prinzip Hoffnung* den Begriff, dessen Konjunktur in den vergangenen Jahren dazu geführt hat, dass nun sogar am Kabinettstisch jemand sitzt, der sich um die Heimat kümmert. Zum Aufgabenbereich des Bundesministeriums des Inneren gehört seit 2018 nicht mehr nur Bauen, sondern eben auch gleich die Heimat. Dabei scheint es vor allem darum zu gehen, das wohlige Gefühl aus der eigenen Kindheit auf die oberste politische Ebene zu heben. Dort sitzt es und soll den Eindruck erwecken, man könne die Welt anhalten und ihren Lauf zurückdrehen. Das wohlige Gefühl soll diejenigen repräsentieren, die Zukunft nicht gestalten, sondern Vergangenheit verteidigen wollen.

Heimat scheint der Ort zu sein, an dem sich all jene treffen, denen die Welt zu entgleiten droht. Heimat ist der Rückzugsort für alle geworden, die mal eine Auszeit brauchen von Volatilität, Unsicherheit, Komplexität und Ambiguität. Aus diesen Schlagworten formt sich die sogenannte VUCA-Welt, die durch und durch heimatlos daherkommt. Denn unter dem Begriff Heimat kann man für jede Eigenschaft der VUCA-Welt ein wohliges Gegenteil finden. Niemand weiß genau, was damit gemeint ist, und doch fühlt sich Heimat für ihre Verteidiger eben genau danach an: nach Verlässlichkeit, Sicherheit, Einfachheit und Eindeutigkeit. Darin sind die Freunde der Heimat überall auf der Welt auf eine wunderbar ironische Weise verbunden, die an den schönen Spruch erinnert, dass sich rund um den Globus Vertreter der »Die Erde ist eine Scheibe«-Theorie zu einer gemeinsamen Veranstaltung getroffen haben. Rund um den Globus!

Genau deshalb warnen Menschen, die in der VUCA-Welt eher eine Chance als einen Angriff sehen, davor, den Begriff der Heimat umdeuten zu wollen. Sie halten es für unmöglich, den Begriff von seiner abgrenzenden, rückwärtsgewandten Konnotation zu befreien. Sie glauben im Gegenteil, dass solche Versuche am Ende nur den Heimatverteidigern nützen werden, meiden deshalb den Begriff und raten, vollständig darauf zu verzichten, wenn man sich für Völkerverständigung und Offenheit engagieren wolle.

Dabei gibt es durchaus gute Gründe, das eingangs zitierte Wahlplakat (und die darauf zum Ausdruck kommende Haltung) anders zu verstehen – wenn man denn Heimat anders interpretiert. Dafür braucht es einen genaueren Blick auf die gelebte Realität, die heute schon nach anderen Regeln als denen von Ausgrenzung und Distinktion funktioniert. Heimat ist schon heute für viele Menschen etwas grundsätzlich anderes als die beschriebene Haltung derjenigen, die gerne wieder zurückwollen in eine verklärte Vergangenheit. Es gibt eine Heimat, die auf Verbindung und Offenheit setzt und sich nicht aus der Erinnerung speist. Und diese andere Heimat hat mit der Erfindung der digitalen Welt zu tun – und mit der unaufhaltsamen Durchdringung aller Lebensbereiche.

Um diesen Wandel und den anderen Blick zu verstehen, muss man einen Schritt zurücktreten und analysieren, weshalb Menschen über die Interpretation des Begriffs Heimat streiten. Dafür hilft eine Differenzierung, die der Soziologe Andreas Reckwitz vorgeschlagen hat.[3] Er beschreibt einen Kulturkampf zwischen Kulturessenzialismus auf der einen Seite und Hyperkultur auf der anderen Seite. Dieses Begriffspaar ist auch sehr tauglich, um den Kampf um die Heimat zu veranschaulichen.

Heimat ohne Ort

Als Hyperkultur beschreibt Andreas Reckwitz eine »kosmopolitische und zugleich marktförmige und individualistische Modellierung von Kultur«. Er sagt: »Vielfalt ist in der Hyperkultur per se gut: Eine Vielfalt von kulturellen Praktiken und Gütern verschiedenster nationaler, regionaler, ethnischer oder religiöser Herkunft erscheint hier als Bereicherung. Denn eine Vielfalt des Kulturellen dehnt das Feld dessen, was zur kulturellen Ressource für die Selbstverwirklichung der Individuen werden kann, enorm aus. Umgekehrt würde weniger Vielfalt im Sinne einer Monokultur heißen: weniger kulturelle Ressourcen, weniger individuelle

Selbstverwirklichung. Vielfalt geht innerhalb der Hyperkultur einher mit dem Modell der Hybridität. Hybridität bedeutet: Kulturelle Eigenschaften sollen nicht abgeschottet nebeneinander existieren, sondern lassen sich widerspruchsfrei miteinander kombinieren. Dadurch ergibt sich das, was man einen Kosmopolitismus der Kultur nennen kann.« Dem steht die Idee des Kulturessenzialismus entgegen, den es in »unterschiedlichen Spielarten« gibt, »die von regionalen Identitäten bis zum fundamentalistischen Terror reichen«. Verbindend ist allerdings die Nutzung des Begriffs Heimat oder wie Reckwitz es formuliert: »Zentral ist bei diesem Kulturverständnis der veränderte Ausgangspunkt: die kollektive Identität einer Gemeinschaft. Während der Dreh- und Angelpunkt der liberalen Hyperkultur die Selbstentfaltung des Individuums ist, markiert für den Kulturessenzialismus das Kollektiv, die Community, den Ort der Kultur.«

Um diesen Ort der Kultur geht es, wenn man verstehen will, warum das Heimatplakat der AfD – und damit auch das Erstarken rechtsnationaler Bewegungen – auch ganz anders gelesen, das Problem vielleicht sogar gelöst werden könnte. Denn dieser Ort als geografisch greifbare singuläre Erscheinung steht mehr infrage, als der AfD und ihren Heimatfreunden in fremden Ländern vielleicht bewusst ist. Und das hat weniger mit Brüssel oder Europa zu tun als vielmehr mit dem Internet. Um das zu verstehen, lohnt es sich, einer Idee zu folgen, die die türkische Schriftstellerin Elif Shafak im September 2017 in New York in einem TED-Talk vorgestellt hat. Sie erläutert darin, warum Demokratie nur funktioniert, wenn man auszuhalten lernt: und zwar auszuhalten, dass es andere Meinungen gibt. Das im Netz zu sehende Video ihres Vortrags trägt den deutschen Titel »Die revolutionäre Macht von Meinungsvielfalt«.[4] Elif Shafak beendet ihren Vortrag mit einem schönen Bild, einer Metapher, die viel über das Verständnis von Heimat verrät. Sie erläutert, dass das türkische Wort »yurt« eine doppelte Bedeutung hat. Es steht für Heimat- oder Vaterland, aber ein »yurt« ist auch ein Zelt, also eine bewegliche Behausung. Shafak sagt dazu: »Mir gefällt diese Zweideutigkeit, denn sie lässt mich glauben, dass Heimatländer nicht an einem

Ort verwurzelt sein müssen. Sie sind tragbar. Wir können sie überallhin mitnehmen.«

Diese Beschreibung des Begriffs Heimat trägt revolutionäre Kraft in sich, die mindestens so stark ist wie jene der Meinungsvielfalt. Denn Heimat derart beweglich zu interpretieren, wie Elif Shafak dies am Beispiel des Yurts tut, überwindet die Fixierung auf den physischen Ort. Das widerspricht allen Heimatinterpretationen, die wir bisher kennen. So über Heimat zu denken, steht in direktem Widerspruch zu der Vorstellung vom eingangs zitierten Wahlplakat. Die Heimat, das Motherland, war stets ein Ort, ein Territorium, ein Boden, aus dem alle Vorstellungen der Heimatliebe erwuchsen: Brauchtum, Dialekt, Distinktion, Sicherheit, Ritualisierung und vor allem auch die Konfrontation mit anderen Ländern funktionieren nur durch die Idee eines Bodens, auf dem Heimat erlebbar wird. Es gibt ihn nicht mehrfach, er kann nur einmal Heimat sein. Man muss gar nicht platt reduzieren, um festzustellen: Der Heimatboden bildet die gefährliche Grundlage für nahezu alle kriegerischen Auseinandersetzungen des 20. Jahrhunderts.

Als im Frühjahr 2018 das Bundesministerium des Inneren um den Bereich »Heimat« erweitert wurde, erinnerte der Autor Daniel Schreiber in der Wochenzeitschrift *Zeit* genau an diese abgrenzende Kraft des Begriffs: »Es ist auch kein Zufall, dass wir die Renaissance dieses Begriffs im Wesentlichen dem rechten Rand unserer Gesellschaft zu verdanken haben, der seit einigen Jahren immer lauter und breiter wird. Denn unsere heutige ›Heimat‹-Obsession ist nichts weiter als die deutsche Variante von Trumps Wahlspruch ›Make America Great Again‹ – der Wunsch, in eine idealisierte Vergangenheit zurückzukehren, die es nie gegeben hat. Sie ist eine Blüte des Rechtsrucks, der durch die Welt geht. Sie ist eine Gegenreaktion auf die Globalisierung und die Begleiterscheinung eines weltweit wachsenden Nationalismus. Der Begriff ›Heimat‹ wird heute von vielen Deutschen als eine Chiffre für Ausgrenzung gebraucht; er fungiert als das scheinbar menschliche Gesicht von Alltagsrassismus und als Vorwand für völkische Überlegenheitsfantasien.«[5]

Das alles ist nur möglich, solange Heimat als an einen greifbaren, singulären Ort gebunden gedacht wird. Es gibt diesen Ort nur einmal, also gibt es auch Heimat nur einmal. Wer diesen tradierten Gedanken auflöst, relativiert den nach Absolutheit strebenden grammatikalischen Singular von Heimat. Als der Bundespräsident im Sommer 2018 zu einer deutsch-türkischen Kaffeetafel ins Schloss Bellevue einlud, machte er sich diesen grammatikalischen Trick zunutze. Frank-Walter Steinmeier sagte genau vor dem Hintergrund der von Schreiber skizzierten Entwicklungen: »Heimat, gefühlte und gelebte, die gibt es auch im Plural. Heimat ist kein Mittel zum Zweck der Ausgrenzung.«[6]

Das ist zwar ein Aussagesatz. Die Aussage stimmte aber für weite Teile des 20. Jahrhunderts ganz und gar nicht. Und sie stimmt auch nicht für diejenigen, die sich vom zitierten Wahlplakat heimatlich aufgefangen fühlen. Würde die bundespräsidiale Aussage stimmen, wäre es vermutlich möglich gewesen, eine Mehrheit für die Kinderhymne von Bertolt Brecht zu finden, der 1950 darin den Wunsch äußerte, »dass ein gutes Deutschland blühe wie ein and'res gutes Land«. Dieser Wunsch ist sozusagen die konkrete Umsetzung des Heimatplurals, den Steinmeier einfordert. Bei Brecht klingt das dann so: »Und weil wir dies Land verbessern / Lieben und beschirmen wir's / Und das liebste mag's uns scheinen / So wie andern Völkern ihrs.«[7]

Diese Vorstellung einer tragbaren Heimat, die es im Plural geben kann, steht im direkten Widerspruch zur gesamten Heimatideologie des 20. Jahrhunderts. Denn wer so über Heimat denkt, entzieht der abgrenzenden Vorstellung von Heimat im Wortsinn den Boden. »Letztendlich haben wohl Autoren und Geschichtenerzähler ein und dasselbe Heimatland«, beendet Shafak ihren Vortrag. »Es heißt ›Geschichtenland‹.« Dieses Geschichtenland ist ein Gegenentwurf zu den Ländern, die Menschen bisher als Heimat dienten. In der Sprache, in der Musik oder sehr allgemein in der Kunst, eine Heimat zu finden, ist eine freundliche Idee. Ein gedanklicher Gegenentwurf zu den Nationalismen, die aus den ortsgebundenen Vorstellungen von Heimat erwachsen. Es ist aber als greifbares Konzept kaum umsetzbar. Denn das Geschichtenland ist eher eine Ergänzung, kein Widerspruch zu den echten Ländern, mit Boden und greifbarer Heimat. Sich in der Kunst heimisch zu fühlen, bleibt deshalb eher ein intellektuelles Spiel als ein wirklicher Widerspruch zu den Nationalismen der Ortsheimat. Um den Begriff und seine Bedeutung umzudeuten, reicht die Kunst-Heimat vermutlich nicht aus.

Doch aus dem intellektuellen Spiel, Heimat als bewegliches Konzept zu denken, ist in den vergangenen Jahren eine ernsthafte Bewegung erwachsen, die sehr greifbar den klassischen Konzepten von Heimat sogar im Plural widerspricht. Dabei ist das Konzept des ortlosen Ortes so präsent, dass seine Folgen wie der sprichwörtliche Wald den meisten vor lauter Bäumen kaum mehr auffällt: Die Rede ist vom Internet. Dieser ortlose Ort ist so greifbar und so präsent, dass er nicht wenigen Menschen schon heute als Heimat dient – und zwar nicht als spielerische Idee, sondern als greifbare Alternative zu ortsgebundenen Vorstellungen von Heimat. Menschen verbinden sich über Landes- und Sprachengrenzen hinweg miteinander und entwickeln heimatliche Gefühle, obwohl sie körperlich an sehr unterschiedlichen Orten sind. Um im Bild von Elif Shafak zu bleiben: Das Internet ist für sie wie das Geschichtenland für Autorinnen und Autoren – mit dem Unterschied, dass sie durch das Internet das Konzept der ortsgebundenen Heimat der Ausgrenzung unterwandern. Das Internet als Heimat zu denken ist der größtmögliche Hack für den Begriff – und vermutlich die zentralste Bedrohung für das Heimatbild der AfD.

Wenn man hier vom Internet spricht, ist nicht das Web gemeint, das als Layer auf der grundlegenden Infrastruktur aufsetzt. Es ist sehr greifbar die Infrastruktur selber gemeint: Das Internet als Netzwerk der Netzwerke basiert auf dem Prinzip der fast schon promisken Verbindung. Wer sich dem Netzwerk anschließt, ist mit dabei – völlig unabhängig von allen Kategorien, die in der Offline-Welt zur Abgrenzung dienen. Im Netz verbinden sich völlig unterschiedliche Systeme basierend auf dem zugrunde liegenden TCP/IP-Protokoll, das es ermöglicht, dass sich sehr neue und ganz alte Computer mit völlig unterschiedlichen Betriebssystemen verständigen können. Das Internet ist kein homogenes Netzwerk unter Gleichen, es ist im Gegenteil die Verbindung von Vielfalt und völlig heterogenen Bestandteilen. Es gibt im Sinne der reinen Idee von Volk und Heimat keinen Ort auf der Welt, der unreiner ist als das Internet. Oder anders formuliert: Wenn man so will, ist das Internet als Infrastruktur eine durch und durch multikulturelle Erfindung, die immer erfolgreicher wird. Und zwar auch durch die Nutzung der rechtsnationalen Bewegungen, die auf dem Anwendungslayer des Web große Erfolge feiern. Die Auseinandersetzung über Hate Speech und Ausgrenzung zum Beispiel in sozialen Netzwerken ist bekannt und soll hier auch nicht fortgeführt, sondern um einen Perspektivwechsel erweitert werden. Zwar wird auf dem Anwendungslayer das Internet genutzt, um Hass zu predigen – aber allein die Tatsache, dass es benutzt wird, beweist, dass Multikulti dennoch der überlegene Ansatz ist. Er ist so umfassend und erfolgreich, dass sogar die Ausgrenzer auf ihn zurückgreifen. Anders formuliert: Wer sich und seine Heimat ernsthaft für etwas Besseres hält, darf das Internet eigentlich nicht nutzen – seine bloße Existenz beweist nämlich, dass die Idee von Ausgrenzung und Distinktion überholt ist.

Die Wahrnehmung des Internets deckt sich heute noch nicht überall mit diesem Bild, wenn die Gesellschaft sich aber weiter darauf besinnt, worum es beim Internet eigentlich geht, wird daraus mehr und mehr eine Bedrohung für die Heimat auf dem AfD-Plakat werden.

Im Jahr 2001 hat der New Yorker Marc Prensky erstmals das Bild eines Landes oder Kontinents verwendet, um zu beschreiben, wie wir mit dem Internet umgehen. Der Autor und Lehrer führte damals die Unterscheidung zwischen Digital Natives und Digital Immigrants ein.[8] Damit beschrieb er eingeborene und eingewanderte Bewohner des Digitalen. Es ging ihm dabei zunächst um den Generationenunterschied im Umgang mit digitalen Technologien. Im Subtext beschreibt er damit aber auch den ortlosen Ort, den das Internet gesellschaftlich bildet. Es manifestiert das intellektuelle Spiel einer Heimat im Plural, die an keinen greifbaren Ort mehr gebunden ist. Denn natürlich verfügt das Internet für die Generation der Eingeborenen über all die Eigenschaften, die auch eine ortsgebundene Heimat auszeichnet. Man findet auch in der digitalen Heimat Brauchtum, Dialekt, Distinktion, Sicherheit und Ritualisierung – aber man findet all das im Plural.

Heimat Internet

Bevor im Frühjahr 2019 das EU-Parlament über ein neues Urheberrecht abstimmte, gingen mehrere Zehntausend Menschen in Deutschland und Europa auf die Straße, um für ihre völkerverbindende Form der Heimat zu demonstrieren. Sie sehen in den Plänen des neuen Urheberrechts einen Angriff auf das Internet, wie sie es kennen. Ihre Demoplakate bestanden zu weiten Teilen aus ausgedruckten Internetwitzen. Wer die Demonstranten beobachtete, bemerkte schnell: Auch im Digitalen gibt es Brauchtum und in Form von Emojis und Memes sogar einen eigenen Dialekt. Das Internet hat darüber hinaus natürlich auch eigene Formen der Ritualisierung, der Sicherheit und Versicherung und der Distinktion erfunden. Es gibt sogar kulturelle Errungenschaften, die wie in der analogen Welt als »Immaterielles Kulturerbe der UNESCO« verstanden werden können (bisher dort aber leider noch nicht geführt werden). Dass das Protokoll, auf dem E-Mail basiert, es zum Beispiel ermöglicht, dass Menschen sich ohne zentrale Vermittlungsinstanz miteinander verständigen können, ist eine menschheitshistorische wertvolle Erfindung. Sie ist mindestens so förderungs- und bewahrenswert wie die Morsetelegrafie, die die UNESCO als kulturell hochwertig erwähnt. Sollte sie das nicht auch bei zum Beispiel der Netzneutralität tun? Die Tatsache, dass Inhalte bei der Übertragung übers Internet gleich behandelt werden, ist eine zentrale Eigenschaft des Netzwerks der Netze. Vielen, die das Internet täglich nutzen, ist dies vielleicht nicht klar, aber es handelt sich bei einem Eintreten für die Netzneutralität um eine Form des Brauchtumsschutzes, der von Gremien und kulturellen Förderung nicht länger missachtet werden sollte.

Das alles ist kein Spaß und kein Pflegen virtueller Gärten, es ist substanzielle Politik, die darüber entscheidet, wie Aufmerksamkeit, Fördergelder und Einflussmöglichkeiten verteilt werden. Derzeit wird die »Heimat Internet« dabei noch als digitale Spielerei verstanden, maximal als Ergänzung zu den bestehenden Ideen. Man erfindet dann eine digitale Arbeitsgruppe und setzt sie an einen kleinen Beistelltisch, an dem die Digitalen dann auch ein paar Vorschläge entwickeln dürfen. Die Fleischtöpfe mit dem Hauptgericht werden aber an der zentralen Tafel verteilt, an der für die Digitalen kein Platz ist. So gibt es am Kabinettstisch, an dem seit 2018 auch die Heimat sitzt, noch immer kein eigenes Internetministerium, obwohl das schon seit Jahren gefordert wird. Doch das wird sich ändern – vielleicht schon dadurch, dass das Heimatministerium schlicht auch die Interessen derjenigen repräsentiert, die im Internet zu Hause sind.

»Heimat ist da, wo sich das WLAN automatisch verbindet«, sagen Menschen, die Marc Prensky als Eingeborene der digitalen Welt beschreiben würde. Dabei geht es weniger darum, dass das digitale Endgerät, das drahtlose Internet wiedererkennt und sich automatisch einwählt. Es geht darum, dass sie durch das Internet überall auf der Welt heimatliche Gefühle haben können. Sie meinen: Das Internet ermöglicht ihnen Heimat völlig ohne direkten Ortsbezug. Daraus erwachsen nicht nur gesellschaftliche Forderungen an die Politik im Umgang mit dem Internet – und an die Regulierung dominanter Internetkonzerne wie Facebook und Google. Es entsteht aus dieser Haltung dem Digitalen gegenüber auch ein grundlegend anderer Begriff von Heimat. Wenn man so will, wird auf diese Weise Heimat gehackt, also ihrer ursprünglichen Interpretation entzogen und umgedeutet.

Wer das Internet als Heimat denkt, hebt das Konzept von Heimat auf eine neue Ebene. Denn das Internet ist mehr als Elif Shafaks tragbare Idee und Frank-Walter Steinmeiers Plural. Das Internet als Heimat zu denken, heißt, jeglicher Ausgrenzung die Grundlage zu entziehen. Denn die Infrastruktur, die wir Internet nennen, basiert auf dem genauen Gegenteil von Grenzen, sie basiert auf Vernetzung.

Dass man dies gerade nicht mit der gängigen Vorstellung von Heimat zusammenbringt, ist übrigens kein Problem, sondern ganz normal. Wer eine politische Veränderung wünscht, muss daran arbeiten, Begriffe neu zu deuten: Als 1953 erstmals ein Bundesminister für Familienfragen am Kabinettstisch Platz nahm, war die allgemeine Vorstellung von dem Begriff »Familie« vermutlich ähnlich eindimensional wie die Vorstellung vom Begriff »Heimat« heute. Doch nicht nur das Familienministerium entwickelte seinen Zuständigkeitsbereich, auch die Idee dessen, was man unter Familie verstehen kann, erweiterte sich. Aus der heterosexuellen Vorstellung einer Vater-Mutter-Kind-Kleinfamilie wurde im ersten Jahrzehnt des 21. Jahrhunderts die Idee: »Familie ist da, wo Kinder sind.« Eine ähnliche Entwicklung ist auch für das Heimatministerium nicht undenkbar. Vielleicht ist Horst Seehofer dann künftig am Kabinettstisch auch für das Internet zuständig, denn Menschen sind eben auch im Internet zu Hause.

Wenn wir diesen Gedanken fortführen und in die Tat umsetzen, wird die AfD bald schon »Sag mal, geht's noch, Internet?« auf ihre Plakate schreiben müssen – und die Rechtsnationalen in all den anderen von Nostalgie erfassten Ländern ebenso. Denn das Internet ist keine Idee für schöngeistig denkende Menschen. Das Internet ist greifbare und erlebbare Realität im Leben vieler Menschen. Und wer das Internet als Heimat denkt, öffnet damit den Blick darauf, dass diese Idee der Beweis dafür ist, dass Verständigung und Verbindung stärker sind als Abgrenzung und Konfrontation. Das gilt dann sogar für all jene Menschen, die das Internet nicht als ihre Heimat verstehen.

Anmerkungen

1 https://www.economist.com/leaders/2018/12/22/the-world-is-fixated-on-the-past (letzter Zugriff 23.04.2019).

2 Ernst Bloch: *Das Prinzip Hoffnung*. Frankfurt am Main 1985, S. 323.

3 https://www.deutschlandfunk.de/hyperkultur-versus-kulturessenzialismus-der-kampf-um-das.1184.de.html?dram:article_id=383157 (letzter Zugriff 23.04.2019).

4 https://www.ted.com/talks/elif_shafak_the_revolutionary_power_of_diverse_thought/transcript?language=de (letzter Zugriff 23.04.2019.)

5 https://www.zeit.de/kultur/2018-02/heimatministerium-heimat-rechtspopulismus-begriff-kulturgeschichte/komplettansicht (letzter Zugriff 23.04.2019).

6 http://www.bundespraesident.de/SharedDocs/Reden/DE/Frank-Walter-Steinmeier/Reden/2018 08/180822-Kaffeetafel-tuerkisch-deutsch.html (letzter Zugriff 23.04.2019).

7 Bertolt Brecht: zitiert nach https://www.deutschelyrik.de/kinderhymne-1950.html (letzter Zugriff 23.04.2019).

8 http://marcprenskyarchive.com/ (letzter Zugriff 23.04.2019).

Adrian Lobe
Neue Heimat Internet
Heimweh nach dem Netz

In der Mitte der 1990er-Jahre war im Grundrauschen der Modems, die in Wohnzimmern und Büroräumen installiert waren, ein Revolutionsknistern zu vernehmen. Der Siegeszug des World Wide Web würde die Demokratisierung beschleunigen, er würde autoritäre Herrscher hinwegfegen, tradierte Institutionen überflüssig machen, Machenschaften ans grelle Licht der Öffentlichkeit zerren. In dieser Aufbruchsstimmung verfasste der Internetpionier John Perry Barlow im Jahr 1996 seine berühmte »Unabhängigkeitserklärung des Cyberspace«: »Regierungen der industriellen Welt«, hob er darin an, »Ihr müden Giganten aus Fleisch und Stahl, ich komme aus dem Cyberspace, der neuen *Heimat* [eigene Hervorhebung] des Geistes. Im Namen der Zukunft bitte ich Euch, Vertreter einer vergangenen Zeit: Lasst uns in Ruhe! Ihr seid bei uns nicht willkommen. Wo wir uns versammeln, besitzt Ihr keine Macht mehr.«[1]

Das Dokument war als Reaktion auf den einige Wochen zuvor vom damaligen US-Präsidenten Bill Clinton unterzeichneten Telecommunications Act verfasst worden, mit dem eine weitgehende Liberalisierung des Telekommunikationsnetzes bewirkt werden sollte. Barlow erblickte in dem Gesetz eine Zensurmaschine, die das freie Internet bedroht.

Das Gründungsdokument des freien Internets ist aus rezeptionsgeschichtlicher Perspektive vor allem deshalb interessant, weil Barlow einen neuen Heimatbegriff definiert: »die Heimat des Geistes«.[2] Der Autor spricht von der »neuen« Heimat, was impliziert, dass es eine alte Heimat des Geistes gibt und der Geist zumindest vorübergehend heimatlos geworden ist.

Der Cyberspace, wo dieser neue Geist verortet ist, ist eine Wortschöpfung des amerikanischen Science-Fiction-Autors William Gibson. In dessen *Neuromancer*-Trilogie taucht der Begriff der Heimat als Kontinuum auf. Darin heißt es:»Wie ein Origami-Trick in flüssigem Neon entfaltete sich seine distanzlose Heimat, sein Land, ein transparentes Schachbrett in 3-D, unendlich ausgedehnt.«[3] Gibson imaginiert den Cyberspace als infinite Matrix, als»Konsens-Halluzination, tagtäglich erlebt von Milliarden zugriffsberechtigter Nutzer in allen Ländern«, als eine»grafische Wiedergabe von Daten aus den Banken sämtlicher Computer im menschlichen System«,»Lichtzeilen im Nichtraum des Verstands«.[4] Cyberspace und auch Heimat sind also imaginär, eine Bilderflut, die vor dem geistigen Auge wie ein Bildprogramm abläuft. Das verweist auf ähnliche Semantiken von Cyberspace und Heimat als einer abstrakt-idealen Räumlichkeit, die zwar nicht konvergent, aber kompatibel miteinander scheinen. Heimat ist dem Cyberspace nicht unbedingt fremd.

Barlow stellt den als»neue Heimat des Geists« konzeptualisierten Cyberspace der Stofflichkeit der industriellen Moderne entgegen: Er entwirft die Utopie eines besitz- und herrschaftslosen Kommunikationsraums, wo jeder seine Meinung frei äußern und alles kostenfrei reproduziert werden kann. Die Macht dieser kryptoanarchischen Community resultiert aus der Körperlosigkeit ihrer Bewohner:»Unsere persönlichen Identitäten haben keine Körper, so dass wir im Gegensatz zu Euch nicht durch physische Gewalt reglementiert werden können.«[5] Der Cyberspace ist also ein Ort, wo eine Regierung der Körper und eine Foucault'sche Biopolitik von (Daten-)Körpern schon gar nicht mehr möglich sind.

Dass Barlow diesen Raum mit einem neuen Heimatbegriff legitimieren wollte, ist aus zwei Gründen erstaunlich: Zum einen ist Heimat, verstanden als ein Erinnerungs- und Assoziationsraum, ein Begriff, der von konservativen politischen Strömungen besetzt wird, was den Schluss nahelegt, dass Barlow den virtuellen Raum auch identitätspolitisch beglaubigen wollte. Zum anderen steht Heimat als Reduit mit seinen Beharrungstendenzen und festgezurrten normativen Koordinatensystemen einem progressiven, evolutiven und dynamischen System wie dem Internet prinzipiell entgegen. Die einzige Konstante des World Wide Web ist ja, dass sich sekündlich alles ändert: IP-Adressen, Webseiten, Stimmungen, Netze, Machtbeziehungen. Das war im Jahre 1996, als die Suchmaschine Yahoo ein Jahr alt war und Larry Page und Sergey Brin noch in ihrer Garage in Stanford werkelten, nicht anders.

Barlows Unabhängigkeitserklärung kann vor diesem Hintergrund auch als Antwort auf kulturelle Suchbewegungen gelesen werden, den Freigeistern im Netz eine Heimat zu geben. Als das World Wide Web Terra incognita war und Technologiekonzerne noch nicht ihre Claims abgesteckt hatten, herrschte im Netz eine Art Siedlergeist vor. Das Portal »Fast Company« veröffentlichte eine Handreichung (»Build Your Place in Cyberspace«[6]), wie man sein Haus im Cyberspace baut: einen Grundriss entwerfen, sich eine Adresse aussuchen, ein Stück herausnehmen, einen Anstrich verpassen usw. Es hatte etwas von einem naiven Aufbruchsgeist, als ginge es um die Kolonisierung eines fremden Planeten. Die Autorin Lucia Clark schrieb im Dezember 2000 in einem Beitrag für das *Cultural Survival Quarterly Magazine*: »Meine Heimatstadt ist eine URL im Cyberspace.«[7] Darin schwang auch ein gewisser Cyberromantizismus mit.

Barlow hatte jedoch eine sehr archaische und exklusive Vorstellung von Heimat: Er schreibt von einer »Invasion in unser Reich« und »Eingeborenen«.[8] Assimilation oder Integration in den Cyberspace ist nicht möglich; Staaten und Konzerne werden immer »Einwanderer« bleiben. Zu den Widersprüchlichkeiten der Unabhängigkeitserklärung gehört, dass Barlow einerseits die Wachposten kritisiert, welche Staaten zur Abwehr des »Virus der Freiheit« an den Grenzen des Cyberspace postierten, dessen Integrität aber nur durch identitäre Grenzregime abzusichern ist. In der Unabhängigkeitserklärung ist also schon jene Grundspannung von Macht- und Herrschaftsansprüchen angelegt, die sich auch heute beobachten lässt.

Heimat im Nirgendwo?

Dass diese Utopie des herrschaftsfreien Diskurses im Netz eine Utopie bleiben würde, war selbst dem größten Optimisten klar. Wenn man die Entwicklung des Internets in den folgenden zwei Jahrzehnten Revue passieren lässt, muss man feststellen, dass von dem Geist nicht viel übrig geblieben ist. Fake News fluten das Netz, Hasskommentare verrohen den Diskurs, Trollfabriken manipulieren Wahlkämpfe, Hacker greifen Daten ab, Meinungsroboter torpedieren den politischen Diskurs, autoritäre Regime zensieren das Netz.

Das Internet ist heute vor allem die Heimat des Gelds und geistloser künstlicher Intelligenzen. Wenn der von Barlow beschworene Geist eine neue Heimat gefunden hat, dann in der kollaborativ organisierten und spendenfinanzierten Wikipedia – die Online-Enzyklopädie ist das letzte Relikt des Web 2.0 und hat sich als erstaunlich resilient gegenüber politischer Einflussnahme erwiesen. In einem durchkommerzialisierten und durch Macht- und Überwachungsstrukturen durchsetzten Web, wo Tech-Konzerne wie Google oder Facebook durch die Ausforschung der Privatsphäre und personalisierte Werbung Milliarden verdienen, müssen sich die Mitstreiter der Cyberpunk-Bewegung wie heimatlose Gesellen vorkommen.

Die Frage ist, ob das Internet überhaupt so etwas wie Heimat bieten kann oder seine Distanzen und Raum aufhebende Wirkung nicht das Gefühl des Heimatverlusts verstärkt. Anders gewendet: Kann Heimat virtuell sein? Und wenn ja: Sind soziale Netzwerke ein Surrogat für Heimat? Heimat ist per definitionem ja nicht an einen bestimmten (physischen) Ort gebunden, sondern ein recht mobiler Assoziationsraum, der sich auch in den Cyberspace transportieren lässt. Der amerikanische Autor Marc Prensky hat bereits 2001 den Begriff der »Digital Natives« geprägt, jener Eingeborenen, die im Unterschied zu den Digital Immigrants, den digital Zugereisten, mit den sozialen Praktiken des Internets aufgewachsen sind.[9] Die Generation Z fühlt sich auf Instagram mehr zu Hause als bei einem Diaabend bei Verwandten. In Japan ist es völlig normal, dass junge Männer eine Beziehung mit einem Avatar führen. Man kann also auch in der Virtualität heimisch werden. Der Journalist Dirk von Gehlen zitierte in einem Essay für die *Süddeutsche Zeitung* die Generation Internet mit den Worten:»Heimat ist da, wo sich das WLAN automatisch verbindet.«[10] Gemeint sei damit nicht das Haus, in dem das drahtlose Internet verfügbar ist, sondern der »ortlose Ort«, der sich durch die Verbindung eröffnet. Jeder Einwahlprozess ist in dieser Logik eine Rückkehr in heimatliche Gefilde. Auch die Hardware, etwa das Einwahlgeräusch eines Modems, könne heimatliche Gefühle erzeugen. Das Internet, konstatiert von Gehlen, sei zu einem »heimatstiftenden Ort« geworden.

Das Internet entkoppelt von einem Ort zu denken, bietet eine Chance, den semantisch verengten Begriff der Heimat, der von neurechten Gruppierungen besetzt wird, zu weiten. Aber kann man schon von Heimweh sprechen, wenn man ein paar Tage vom Netz entkoppelt ist? Ist das nicht der Phantomschmerz einer in der realen Welt erlittenen Trennung? Der kalte Entzug einer Sucht? Kann von Heimat die Rede sein, wenn sich Reisende an Flughäfen mit ihren digitalen Endgeräten an Ladestationen andocken? Oder ist das nicht das Bild absoluter Entfremdung beziehungsweise Heimatlosigkeit, wenn Passagiere an einem Nichtort namens Airport nur noch mit einem Ladekabel mit der Welt verbunden sind?

So reizvoll von Gehlens Idee ist, den Heimatbegriff zu »hacken« und den Nationalisten zu entreißen, so reduktionistisch und mechanistisch ist seine Vorstellung von Heimat als einem bloßen technischen Dispositiv, das letztlich beliebig und austauschbar ist. Heimat ist ja gerade nicht das bloße Sich-Einklinken in einen Kommunikationsraum, sondern ein Gefühl des Niemals-ausgeloggt-Seins. Heimat konstituiert sich vielmehr in einer bewussten Abgrenzung zu einer entgrenzten Netzwirklichkeit. Wer sich überall dort heimisch fühlt, wo eine funktionierende Drahtlosverbindung hergestellt ist, ist ein *citizen of nowhere*, ein »Bürger von nirgendwo«, um Theresa May zu zitieren – kurzum: ein Heimatloser. Dabei kann das Internet durchaus Heimat stiften: eine diskursive, politische, spirituelle und ideelle Heimat. Vielleicht ist es ja auch ein Heimweh nach einem überwachungsfreien und partizipativen Netz, das in den romantisierenden Netzutopien zum Ausdruck kommt.

Der kanadische Medientheoretiker Marshall McLuhan hat bereits 1962, lange bevor das Internet etabliert wurde, die heute etwas überstrapazierte Formel vom »globalen Dorf« entwickelt, wonach die Welt durch die elektronischen Vernetzungen immer stärker zusammenwachse und die Menschen zu nomadischen Informationssammlern (nomadic gatherers of knowledge) werden.[11]

Im Jahr 1996 entwarf der Schriftsteller William Knoke in seinem Buch *Placeless Society* die Utopie einer ortlosen Gesellschaft, in der Orte keine Rolle spielen.[12] Moderne Kommunikationstechnologien wie das Internet würden die Welt zu einem elektronischen Dorf machen, wo es völlig egal ist, ob man in Mumbai oder München sitzt. Mit der ortlosen Welt war auch die Utopie einer egalitären Gesellschaftsform verknüpft. Wenn Orte irrelevant sind, wird auch die soziale Herkunft und mithin ein Diskriminierungsgrund obsolet. Es macht herkunftstechnisch keinen Unterschied, ob jemand aus der Bronx oder aus Queens kommt.

Das World Wide Web hat die Welt globaler gemacht. Man kann heute in perfekter Ton- und Videoqualität nach Japan telefonieren, sich dank KI-gestützter Übersetzungsprogramme indonesische Wochenzeitungen mit passablen Ergebnissen ins Deutsche übersetzen lassen und mit einem Spieler aus Peru simultan Videospiele spielen. Selbst der – kommunikativ reichlich absurde – Chat mit dem Tischnachbarn ist in diesem Sinn global, weil die Datenpakete binnen Bruchteilen von Sekunden über amerikanische Serverfarmen geleitet werden. Diese Akzeleration der Globalisierung hat bei vielen Menschen ein Gefühl der Entwurzelung erzeugt, das zwar schon immer zum Grundgepäck des spätmodernen Subjekts gehörte, durch die Datennetze aber nochmals forciert wird. Gerade das Zusammenwachsen von Informationen, das Nebeneinander algorithmischer und persönlicher Identitäten, macht es schwerer, Zugehörigkeitsräume zu definieren. Heute ist jeder ein Bewohner virtueller Welten, ob er will oder nicht. Jeder ist mit jedem verbunden.

Das Internet macht permanent Heimaterfahrungen möglich. Und vielleicht ist das paradoxerweise der Grund, warum sich heute so viele Menschen entwurzelt fühlen. Man kann sich mit ein paar Mausklicks mit Schulkameraden und Cousins vernetzen und über alte Zeiten plaudern. Man kann auf YouTube Hörspiele aufrufen, die Kindheitserinnerungen wecken. Filme sehen, die man schon mit der Großmutter geschaut hat. Mundartkomödien auf Schwäbisch anhören, die einem in der badischen Diaspora das Gefühl von Heimat vermitteln. Man kann auf Google Street View alte Straßenzüge abfahren und an den Hauseingang heranzoomen, wo man als Kind gespielt hat. Es lassen sich virtuell Räume begehen und per Knopfdruck Sinnlichkeitserfahrungen abrufen. Überall. Egal, ob man beim Starbucks in Boston sitzt oder in der Flughafenlounge von Hongkong. Doch diese ubiquitäre Möglichmachung von Heimaterfahrung, die ja eher konsumptiv ist, führt dazu, dass sich der Begriff von Heimat rasch verbraucht und immer etwas Flüchtiges hat. Heimat ist zwar ständig da und verfügbar, aber immer nur fragmentarisch, als eine Art Demoversion oder Shareware, was das Bedürfnis nach vollständiger Heimat verstärkt und die Suchprozesse perpetuiert. Man ist im Netz immer auf der Suche nach einem Stück Heimat. Als nomadischer Informationssammler puzzelt man sich seinen eigenen Identitätskosmos zusammen. Das Nomadische ist in der Hyperlinkstruktur des Netzes angelegt; Sesshaftigkeit ist eine Systemeigenschaft, die das Internet nicht kennt.

Das World Wide Web ist eine ständige Migration von Daten, die als Datenpakete von einem Ort zum anderen transferiert werden. Online-Identitäten sind heimatlos, weil sie über Datenautobahnen durch jedes Land geleitet und von den Rechenzentren großer Tech-Konzerne in die Serverfarmen der Geheimdienste abgeführt werden, in hangargroßen Rechenzentren in den Weiten Utahs oder Iowas, wo man als Datenemittent schon aufgrund der Rechtsnatur des Hausherrn nicht heimisch werden möchte.

Heimat und Identitätswerdung ist im Netz ein hochtechnisierter Prozess: Die NSA errechnet anhand bestimmter Selektoren wie E-Mail-

Adresse, IP-Adresse und Telefonnummer die »Fremdheit«: Wenn dieser quantitativ ermittelte »Foreigness«-Wert (sic!) 51 Prozent oder mehr ist, wird die Zielperson zum Gegenstand von Überwachungsmaßnahmen. Der Computer sagt dann: Du gehörst nicht mehr dazu! Wer also seine Heimat – als Antonym zur Fremdheit – nicht unter Beweis stellen kann, ist heimatlos. Das zeigt, wie rigoros algorithmische Prüfverfahren sind – und wie soziotechnische Dispositive leichter Hand zu einem Verlust von Heimat und Staatsbürgerschaft führen können.[13]

Mobile Heimat

Das Deutsche kennt den Begriff von heimlich oder Heimlichkeit, in dem auch das Wörtchen »Heim« als Unterbringung steckt und das eng verwandt mit dem biedermeierlich konnotierten »heimelig« (im Sinne von behaglich oder wohnlich) ist. Das Adjektiv »heimlich« offenbart die Ambivalenz zwischen der Heimstatt als einem Reduit und dem Handeln im Verborgenen, das sich auf die klandestinen Überwachungsmethoden der NSA übertragen lässt. Das Internet ist mehr Heim als Heimat, im Sinne einer Zwangsverbringung von Datenkörpern, die nicht etwa deshalb in der Prärie von Iowa oder Georgia sind, weil sie sich dort heimisch fühlen, sondern weil Google dort seine Rechenzentren betreibt.

Gerade weil das World Wide Web Distanzen abgeschafft hat, fällt das Heimkommen umso schwerer, weil es keinen Weg dahin mehr gibt. Der Begriff der »distanzlosen Heimat«, den William Gibson im Kontext des Cyberspace schuf, ist ja eigentlich eine Zumutung, weil er suggeriert, dass Heimat überall sein kann und sich auch jenem nähert, der mit ihr keinen Kontakt haben möchte. Dass es mittlerweile auch konkurrierende Heimatbegriffe aus dem digitalen und analogen Raum gibt, belegt das Beispiel Airbnb.

Die Zimmervermittlungsplattform inszeniert sich als Internetheimat für mobile »anywheres« (David Goodhart).[14] »Fahr nicht nur hin. Lebe dort«,[15] war das Motto einer Werbekampagne, mit der Airbnb auf dem deutschen Markt warb und die ironischerweise von einer Agentur namens Heimat adaptiert wurde. »Werde Teil einer Community, die daran glaubt, dass jeder einen Ort haben sollte, den er sein Zuhause nennen kann«, lautet das Motto.

Auf seiner Webseite wirbt Airbnb mit Entdeckungen mit »inspirierenden Einheimischen, die über herkömmliche Touren oder Kurse hinausgehen«. Allein, die »Einheimischen« – die exotisierende Beschreibung der Anwohner klingt so, als handelte es sich um Ureinwohner im Amazonasgebiet – sind von dem Erkundungseifer der Touristen wenig begeistert. Müll, Lärm, steigende Mieten – in zahlreichen Städten protestierten Anwohner gegen die Auswüchse des Massentourismus, der von Buchungsplattformen wie Airbnb forciert wird. Anwohner, die sich die steigenden Mieten nicht mehr leisten können und ins Umland umziehen müssen, fühlen sich aus ihrer angestammten Heimat verdrängt. »Tourists go home«, steht auf zahlreichen Hauswänden geschrieben. Auf Protestkundgebungen hielten Demonstranten Schilder mit der Aufschrift »Homes not Hotels« in die Höhe. Die Anrainer oder *somewheres*, um in der Diktion Goodharts zu bleiben, führten den Begriff des Zuhauses beziehungsweise der Heimat ins Feld, um ihr »Revier« gegen die als »Invasoren« verschrienen Touristen zu verteidigen. Daraus folgt, dass der analoge Begriff der Heimat hier zumindest mengentheoretisch an seine Kapazitätsgrenze stößt. Andererseits müssen auch die Plattformanbieter den physischen Raum für sich reklamieren, um das recht nebulöse Versprechen von Heimat und Weltläufigkeit einzulösen. Heimat kann sich schließlich nicht allein in der Cloud materialisieren.

Airbnb hat die Vision einer »weltweiten Community von Gastgebern und Gästen«, einer »Welt, in der jeder zu Hause ist«. »Stell dir vor, es gäbe keine Fremden. Wie sähe die Welt dann wohl aus? Und was würde das für dich bedeuten?«,[16] fragt Airbnb auf seiner Webseite. Diese idealistische Rhetorik ist charakteristisch für das Geschäftsgebaren des Silicon Valley, das seine wirtschaftlichen Interessen mit einer humanitären Mission bemäntelt beziehungsweise überhöht. Doch so weltgewandt und kosmopolitisch diese Vision daherkommt, so kleingeistig und engherzig erscheint sie auf den zweiten Blick. Isoliert betrachtet ist die Losung »Stell dir vor, es gäbe keine Fremden« ja durchaus anschlussfähig an Postulate neurechter Bewegungen und in seiner immanenten Ablehnung des Fremden eine äußerst begrenzte Weltanschauung. Ist diese weltweite Community wirklich eine offene Gesellschaft, die sie vorzugeben scheint?

Auch bei Facebook spielt der Community-Gedanke eine zentrale Rolle. »Unsere Mission ist es, den Menschen die Möglichkeit zu geben, Gemeinschaften zu bilden, und die Welt näher zusammenzubringen«, heißt es.[17] In seinem als »Manifest« apostrophierten Post »Building Global Community« formulierte Gründer Mark Zuckerberg die Utopie einer globalen Community, in der sich Menschen vernetzen und globale Probleme wie Terrorismus, Klimawandel oder Pandemien bekämpfen. Diese globale Community, die Zuckerberg in der historischen Kontinuität von Stämmen, Städten und Nationen als vierte Entwicklungsstufe menschlicher Zivilisation ansiedelt, ist als postnationaler Gegenentwurf zum Nationalstaat zu verstehen, dem Zuckerberg nicht mehr die Problemlösungskompetenz wie im 20. Jahrhundert zutraut. Sie ist eine Antwort auf das kollektive Gefühl der Unsicherheit.

Das Manifest ruft viele Begriffe auf, die mit Heimat assoziiert sind: Familie, Freunde, Sicherheit, Kontrolle. Facebook will Menschen auf der ganzen Welt eine Heimat bieten. Die Community ist der Versuch, den verfemten Begriff der Heimat neu zu besetzen, indem man ihn in ein globales, buntes Hippiegewand kleidet. Wer sich auf Facebook anmeldet, sieht dort keine alten Holztische oder vergilbten Gardinen wie in der angestammten Dorfkneipe, sondern bunte Luftballons, Videos, Smileys, Emojis, die als universale Codes auf der ganzen Welt verstanden werden und über jeden Verdacht der Provinzialität und Heimattümelei erhaben sind. Heimat soll hip, nicht piefig sein. Facebook bespielt den heimatlichen Topos, indem es ein Bouquet aus Freunden, Fotos, Seiten, Orten, Gruppen und Veranstaltungen schnürt und so einen digitalen Erinnerungs- und Erlebnisraum aufspannt. Der globale Rahmen muss jedoch durch Regionalismen und lokale Pfeiler abgestützt werden.

Der Leitsatz »Freunde und Familie zuerst«, dem sich Facebook vor einiger Zeit verschrieben hat, ist denn auch weniger ein politisches Programm als vielmehr Funktionsvoraussetzung eines auf Engagement und Profit ausgelegten Systems. Eingedenk des Diktums hat der Konzern im Januar 2018 abermals seinen Newsfeed-Algorithmus modifiziert. Seitdem werden noch stärker als zuvor lokale Posts priorisiert. Als eine direkte Folge gilt das Entstehen der Gelbwestenbewegung in Frankreich, die ihren Ursprung in der Facebook-Gruppe »Vous en avez marre? C'est maintenant!!« (Habt ihr die Schnauze voll? Jetzt ist es Zeit, zu handeln!) hat und sich später in lokalen Facebook-Gruppen mit dem Codenamen »colère« (Wut) und der jeweiligen Département-Nummer organisierte.[18] Dass Facebooks Algorithmen möglicherweise als Katalysator einer politischen Protestbewegung fungierten, deren Movens die politische und kulturelle Heimatlosigkeit war, ist eine der vielen inhärenten Paradoxien sozialer Netzwerke, die sich als große Familie inszenieren.

Darin zeigt sich die Dialektik des »globalen Dorfs«: Dass die Welt eben nicht nur globaler wird, sondern durch die Homogenisierungseffekte von Algorithmen auch dörflicher. Jeder kennt jeden, jeder weiß, was der Nachbar gestern gemacht hat, jeder hat ähnliche Interessen, Präferenzen, Sozialisationen etc. Diese künstlich abgeschiedene Lebenswirklichkeit in Verbindung mit einer homogenen Sozialstruktur leistet der Bildung von Stammesmentalitäten Vorschub, wo das andere skeptisch beäugt wird. Dass das Fremde bei Airbnb schon gar nicht mehr auftaucht und auch bei Facebook letztlich nur eine Residualkategorie ist, offenbart den Konstruktionsfehler des »kalifornischen« Heimatbegriffs. Heimat definiert sich ex negativo in Abgrenzung zu Fremdheitsgefühlen, die eine offene Gesellschaft aber zulassen muss, wenn sie funktional sein will. In sozialen Netzwerken ist Heimat keine soziale Sinnkonstruktion mehr, sondern bloß eine programmiertechnische Vorrichtung zur Organisation gleichgesinnter Gruppen – und mithin ein Simulakrum.

Die interessante Frage in der Zukunft wird sein, wie die Technologie der virtuellen Realität (VR), an der auch Facebook forscht, den Heimatbegriff verändern wird. Das Internet, wie wir es heute erleben, ist ja nur eine Vorstufe dessen, was die Utopisten mit dem Cyberspace imaginierten. Mithilfe von Sensorentechnologie und computergenerierten 3-D-Bildern sind bei virtueller Realität vollimmersive Erfahrungen möglich, das heißt, man hat den Eindruck, wirklich mit seinem Körper an dem Ort zu sein. Versuchsteilnehmer eines VR-Experiments am Great Barrier Reef berichteten nach dem Experiment von einem Gefühl der Entspannung, das vergleichbar mit einem Urlaub im realen Leben sei. Man muss nicht mehr um den halben Planeten fliegen, um ein Naturwunder zu erleben, man setzt einfach eine klobige Brille auf.

Die spannende Frage ist, ob immersive Erfahrungen sensibler im Umgang mit dem Habitat Erde machen und Heimat als bodengrundierter Topos überflüssig wird, worin ja auch eine politische Utopie liegen könnte. Um mit Heine zu sprechen: Eine *portative* Heimat, die man überall hin mitnehmen kann. Die *Placeless Society* war noch stark von Vorstellungen wie der Telepräsenz oder den »Highways der Zukunft«[19] geprägt. Virtuelle Realität könnte diese ortlose Gesellschaft auf eine neue Ebene heben. Kinder und Jugendliche, die mit der Technologie aufwachsen, könnten in virtuellen Räumen sozialisiert werden, die sie später aufgrund gemeinsamer Sinnerlebnisse als ihre Heimat definieren. Heimat würde, ökonomisch gedacht, zu einem maximal teilbaren Gut, was Verteilungskonflikte reduzieren würde. Der VR-Pionier Jaron Lanier hatte die Technik ursprünglich entwickelt, um den Tod seiner Mutter zu verwinden und den Heimat-Topos ein Stück weit zu restituieren.

Doch Lanier ist wie so viele Netzpioniere ob der Entwicklung des Internets ernüchtert: Die großen Plattformen wie Google, Amazon, Facebook und Apple (GAFA) haben das World Wide Web gekapert. Der virtuelle Raum wird heute mehrheitlich von Bots und geistlosen künstlichen Intelligenzen bevölkert: Mehr als die Hälfte des Internettraffics ist mittlerweile automatisiert. Insofern ist auch der Geist in diesem digitalen Spukhaus auf dem Rückzug. Trotz Überwachung und algorithmischer Zensur wird das Internet aber ein Refugium für Kreative bleiben. Der Geist wird immer eine Heimat finden.

Anmerkungen

1 John Perry Barlow: »Unabhängigkeitserklärung des Cyberspace«, in: *Telepolis*, 29.02.1996, https://www.heise.de/tp/features/Unabhaengigkeitserklaerung-des-Cyberspace-3410887.html (letzter Zugriff 29.04.2019).

2 Ebd.

3 William Gibson: *Die Neuromancer-Trilogie*. München 2000, S. 77.

4 Ebd., S. 87.

5 Barlow 1996.

6 John R. Quain: »Build Your Place in Cyberspace«, in: *Fast Company*, 31.05.1998, https://www.fastcompany.com/34003/build-your-place-cyberspace (letzter Zugriff 29.04.2019).

7 Lucia Clark: »My Home Town is A URL in Cyberspace: The Internet, Italian Ethnic Identities & The European Union«, in: *Cultural Survival Quarterly Magazine*, Dezember 2000, https://www.culturalsurvival.org/publications/cultural-survival-quarterly/when-outrage-scarce-commodity-low-flying-maneuvers-over (letzter Zugriff 29.04.2019).

8 Barlow 1996.

9 Vgl. Marc Prensky: »Digital natives, digital immigrants«, in: *On the Horizon 9* (2001), S. 1–6.

10 Dirk von Gehlen: »Heimat ist, wenn sich das Wlan automatisch verbindet«, in: *Süddeutsche Zeitung online*, 23.01.2018, https://www.sueddeutsche.de/kultur/was-ist-heimat-heimat-ist-wenn-sich-das-wlan-automatisch-verbindet-1.3836110 (letzter Zugriff 29.04.2019).

11 Vgl. Marshall McLuhan: *Understanding Media*. Toronto 1962.

12 Vgl. William Knoke: *Kühne neue Welt: Leben in der »placeless society« des 21. Jahrhunderts*. Wien 1996.

13 Vgl. John Cheney-Lippold: »Jus Algoritmi: How the National Security Agency Remade Citizenship«, in: *International Journal of Communication* 10 (2016), S. 1721–1742. Was die Blutprobe für das ius sanguinis und die Geburtsurkunde für das ius solis darstellt, ist der 51+x-Standard für das ius algorithmi.

14 David Goodhart: *The Road to Somewhere: The Populist Revolt and the Future of Politics*. London 2017.

15 Santiago Campillo-Lundbeck: »Der Zimmervermittler entdeckt erstmals Familien als attraktive Zielgruppe«, in *Horizont.net*, 20.04.2016, https://www.horizont.net/marketing/nachrichten/Airbnb-Der-Zimmervermittler-entdeckt-erstmals-Familien-als-attraktive-Zielgruppe-139893 (letzter Zugriff 29.04.2019).

16 Blog-Website von Airbnb, https://blog.atairbnb.com/world-belonging-de/ (letzter Zugriff 29.04.2019).

17 Website von Facebook, https://de-de.facebook.com/legal/terms/plain_text_terms (letzter Zugriff 29.04.2019).

18 Vgl. Vincent Glad: »Comment les gilets jaunes sont nés en janvier sur un rond point de Dordogne«, in: *Liberation online*, 14.12.2018, https://www.liberation.fr/debats/2018/12/14/comment-les-gilets-jaunes-sont-nes-en-janvier-sur-un-rond-point-de-dordogne_1697685 (letzter Zugriff 29.04.2019).

19 Knoke 1996, S. 28.

A MUSLIM, A CHRISTIAN AND A JEW

A MUSLIM, A CHRISTIAN AND A JEW TRYING TO SEE THINGS FROM A DIFFERENT PERSPECTIVE

A MUSLIM, A CHRISTIAN AND
A JEW, DIDN'T REALIZE HAPPYNESS WAS FOLLOWING THEM FOR
SOME TIME NOW

A MUSLIM
A CHRISTIAN & A JEW TRYING TO THINK
WHAT TO DO NEXT

M.C.J
LEARNING TO
PLAY IN TUNE

A MUSLIM A CHRISTIAN & A JEW, AND THE FINGER OF GOD

M.C.J

IF THERE IS NO FOUNDATION OF KNOWLEDGE, DO
WE THINK WE KNOW TRUTHS BECAUSE OTHERS REPEAT THEM BACK TO US?

M.C.J
LOOK AT THE POSSIBILITY
THIS IS ALL JUST A DREAM OF WHICH ONE OF
THEM WILL AWAKE FROM AND THE OTHERS WILL VANISH
BACK INTO HIS SUBCONSCIOUSNESS.

M.C.J. VISITING ANDY AT THE FACTORY 1954

A MUSLIM
A CHRISTIAN
AND·A JEW
DECIDING TO LIVE ON
CRITICAL THINKING AND
                    HOPE

M.C.J
LERN THE BENEFIT OF COORDINATING

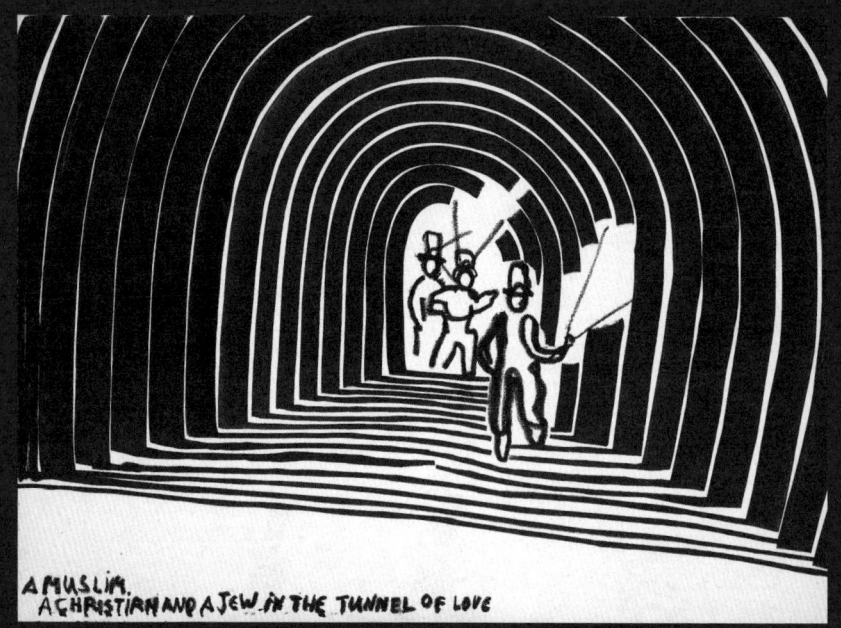

A MUSLIM,
A CHRISTIAN AND A JEW IN THE TUNNEL OF LOVE

A MUSLIM. A CHRISTIAN AND
A JEW
TRYING TO FIGURE OUT
GOD'S PLAN

Naika Foroutan

Heimat. Erde. Migration.

Mein kulturelles Code-Switching

Intro – Heimat Deutschland

Ich höre im Moment viel deutschen Rap. Das soll nicht heißen, dass ich besonders cool bin, Deutschrap dominiert einfach 80 Prozent der deutschen Charts. Und ich habe Söhne, und für die zieht sich die Verhandlung von Heimat und Identität durch diese Songs. Meine Tochter hört lieber englische Hits. An den Liedern des Rap kann man die Konjunkturen der Heimatverhandlung ablesen. Viele Heimaten gibt es darin, manche recht trostlos. Man wundert sich, was alles besungen werden kann: Rüsselsheim (Mero), das Märkische Viertel (Sido) – und Eko Fresh rappte 2014: »Wo komm ich her?«, und traf mit seiner Kinder-Line ins Herz der aktuellen Debatten: »Ich bin hier aufgewachsen, ich bin ein Teil von euch. Kannst du mir mal sagen, warum sich hier keiner freut?!« Nicht mehr nur Hinnahme und ein »Akzeptiert doch endlich, dass wir hier sind« ist hier gefragt – nein, hier wird schon der nächste Aushandlungsschritt eingeleitet: Es geht um Affirmation. Ein klares Ja. Warum freut man sich nicht darüber, dass diese Kinder ein Teil des Ganzen geworden sind?! Anklagen, Aneignung, ultimative Sprachkunst und Banalität vermischen sich in dieser zeitdiagnostischen Poesie des Rap. Heimat ist auch in anderen Zirkeln als im Heimatministerium ein Thema. Und die Vorstellungen von dem, was Deutschland ist, berühren sich zum Teil nicht mehr. Sie deuten zwar den gleichen Raum aus – Deutschland –, aber sie beziehen sich nicht auf dieselben Geschichten und Gefühle in diesem Land. Heimat ist für jeden etwas anderes. Doch irgendwie glauben die meisten Menschen offenbar, sie meinten intuitiv das Gleiche, wenn sie von Heimat sprechen: ein Gefühl von Zugehörigkeit, von Sicherheit, von Sehnsucht.

Der Begriff Heimat scheint sich zu einer Chiffre entwickelt zu haben, um dem Dilemma der Mehrdeutigkeit und Hybridisierung zu entkommen, das Gewissheiten und Eindeutigkeiten auflöst. Hier wird ein Gefühl aufgerufen, in dem alles einen Sinn macht, wo alles seinen Ursprung hatte und wohin alles zurückfließt. Heimat ist derzeit sehr konkret.

Heimat – eine Selektion

Elke Schmitters hat in einem wundervollen Beitrag im *Spiegel* im Februar 2017 geschrieben:»Heimat, das ist für den einen die Gegend, aus der man kommt und die schön ist, weil es die erste war. Das Sanfte, Verhangene einer Flusslandschaft, das Schroffe eines Gebirges. Für andre die sachliche Anordnung von Einfamilienhäusern entlang einer Seitenstraße, die Hochhaussiedlung, in der sich alle, die nichts Besseres zu tun haben, in einer Unterführung treffen, um ihr künftiges Leben zu proben … Heimat – ein Schulbus, eine 20-Minuten-Strecke, in der man Karten spielt, Hausaufgaben abschreibt …«[1] Heimat sei sehr oft, so Schmitters am Ende ihres Textes, gekoppelt an Vergangenheit und hält deswegen ein nostalgisches Ministerium für kein gutes Zeichen im Hinblick auf das, worauf Deutschland zusteuert. Wikipedia sagt zu Heimat, dass der Begriff zumeist auf eine Beziehung zwischen Mensch und Raum verweise. Andere wiederum – zum Beispiel Herbert Grönemeyer – sagen, Heimat ist kein Ort, Heimat ist ein Gefühl. Und wieder andere finden, Heimat sei dort, wo man sich nicht erklären muss – also Heimat als Selbstverständlichkeit und Normalität.

Orte, Gefühle, Vergangenheit – auch Zugehörigkeit, Sicherheit, Sehnsucht – all das kann Heimat für die Menschen sein. Auf die Frage»Inwiefern verbinden Sie die folgenden Aspekte mit dem, was für Sie Heimat bedeutet?«antworten die allermeisten Menschen (92 Prozent), dass sie

Heimat stark oder sehr stark mit Menschen, die sie lieben beziehungsweise mögen, verbinden, zum Beispiel mit Familie, Freunden, Verwandtschaft. 88 Prozent antworten, dass Heimat für sie da ist, wo sie leben, also ihr Zuhause. Und fast genauso viele (86 Prozent) antworten, dass sie Heimat stark oder sehr stark mit Gefühlen und Empfindungen verbinden: mit Wohlsein, Geborgenheit, Sicherheit, Zufriedenheit. Im Vergleich dazu erscheint die konkrete Verortung relativ gering: 66 Prozent antworten, dass Heimat der Ort ist, wo sie aufgewachsen sind.[2] Heimat ist also offensichtlich ein subjektiver Zusammenhang, der sich manchmal in einem konkreten Ort verdichtet, mit Emotionen aufgeladen wird und stark in Bezug zu anderen Menschen bestimmt wird.

Die Antwort darauf, was Heimat bedeutet, ist demnach hochgradig selektiv. Eine für diesen Text ad hoc durchgeführte Minibefragung im Familienkreis ergab, dass die Antwort dennoch erstaunlich konkret ausfallen kann: »Mutter, was ist Heimat?« – »Heimat ist: der Rhein.« Ein Ort also. »Tante, was ist Heimat?« – »Heimat ist da wo, man geboren wurde. Heimat ist Iran.« Auch ziemlich konkret und mit Anklängen von Wurzeln, Verwurzelung. »Heimat können auch andere Orte sein«, ergänzt die Mutter dann noch. »Heimat ist eigentlich für mich da, wo ich schon eine ganze Zeit lang gelebt hab. Wo man mich kennt, wo ich die Leute kenne.«

»Sohn, wenn du in einem Wörterbuch erklären müsstest, was Heimat ist, was würdest du sagen?« – »Identifikation.« Ein großes Gefühl. Ich freue mich, dass Heimat nicht bloß mit einem Ort erklärt wird. Ich hake nach. Was für Gefühle verbindet er mit Heimat? »Die Sicherheit, dass alle meine Freunde dort sind, ein großer Teil meiner Familie dort lebt, dass ich dort eine Wohnung habe, dass ich dort zur Schule gehe, dass ich dort die öffentlichen Verkehrsmittel benutzen darf.« Öffentliche Verkehrsmittel – das klingt nicht wirklich romantisch. Auch er ist ziemlich konkret für seine 14 Jahre: »Deutschland ist meine Heimat. Weil ich mich am besten mit Deutschland identifizieren kann. Man kann alles sagen, was man möchte. Man kann alles tragen, was man möchte. Man kann so sein, wie man will.« Heimat ist also eine Chiffre für Selbstverständlichkeit, merke ich. Heimat ist dort, wo man sich nicht erklären muss, sagt irgendein Sprichwort. Mein Sohn kennt dieses Sprichwort nicht – aber intuitiv hat er es formuliert. »Was wäre denn das beste Gefühl, das dir das Land zurückgeben könnte?«, will ich noch von ihm wissen. »Das Land gibt mir schon sehr, sehr viel zurück, wenn alles so weitergeht und alle so leben können, wie sie wollen, und wenn es genug Sicherheit gibt und genug Freiheit.« Sicherheit hatte ich erwartet. »Und was ist mit Freiheit gemeint?« Mich überrascht an seiner Antwort, wie es doch gelingt, so große Begriffe in Worte zu fassen: »Freiheit ist der Begriff, glaube ich, der persönlichen Auslebung ohne Einschränkung. Der persönlichen Auslebung seiner Religion, seiner Meinung, einfach von allem.« Heimat kann sich ziemlich selbstverständlich anhören.

Auch meine Tochter neigt nicht zu Übertreibung – auch sie ist erstaunlich lapidar. »Liebe Tochter, was für ein Gefühl verbindest du mit Heimat?« – »Man fühlt sich halt zu Hause und kann alles machen.« – »Und was kann man so machen?« – »Weiß ich nicht. Halt schlafen, in seinem Bett, oder man kann spielen.« Auch sie hat ganz konkrete Orte im Sinn, als ich frage: »Und wo fühlst du dich zu Hause?« – »Da, wo meine Familie wohnt, eigentlich überall da, wo ein Familienteil von mir ist, in Teheran, Mayen, London.«

Ich suche meinen kleinen Sohn. »Kleiner Sohn, was bedeutet Heimat?« – »Das ist da, wo man lebt.« – »Und wo ist deine Heimat? – »Deutschland und Iran.« Auch er verortet Heimat. »Aber du lebst doch nicht in Iran?«, und ich will mit dieser Frage wissen, ob Heimat etwas mit Erfahrung zu tun hat. »Aber trotzdem ist es auch meine Heimat«, antwortet er. »Warum?«, frage ich. »Weil du meine Mutter bist!« Die schönste Antwort, finde ich. Heimat ist also Mutterland. Auch mein Mann findet: »Heimat ist in allererster Linie dort, wo meine Familie und meine Kinder sind. Heimat kann auch wechseln.« Seine Wurzeln sucht er nicht. Gefragt nach seinem Geburtsort antwortet er: »Ich kann mich an jeden Grashalm, an jeden Stein und an jeden Geruch erinnern, ganz genau. Ich weiß, dass ich da groß geworden bin – aber es ist nicht mehr Heimat. Es ist vergangen. Es ist ein Stück von mir, aber nicht mehr Heimat.«

Mein Vater macht Heimat nicht nur zum Anker und Hafen, sondern regelrecht zu einem metaphysischen Ort, zur Quelle und zum Bekenntnis: »Heimat ist wie ein Spiegel. Und diese Heimat sagt: Du gehörst zu mir. Deswegen gibt es eine Anziehungskraft, wenn du ein echter Mensch bist, wenn du ein Mensch bist, der an die Menschheit denkt und nicht an seinen eigenen Profit, dann ruft die Heimat dich.« Damit hat er erklärt, warum er unbedingt wieder zurück in den Iran wollte. Er hat einfach die gängigen Erzählungen von »Heimat ist, wo meine Familie und meine Freunde leben« über den Haufen geworfen, alle unsere Überredungskünste halfen nichts. »Heimat ist dort, wo Luft, Erde, Gebirge, Flüsse, Meer und alles, was es da unten gibt, dich liebt. Alle glauben, man selbst ist es, der die Heimat lieben muss. Dabei wissen sie nicht, dass es die Heimat ist, die uns lieben muss. Und weil diese Heimat dich liebt, zieht sie dich an. Sie zieht dich und lässt dich nicht mehr los.«

Heimat ist konkret. Heimat ist amorph. Heimat ist ein Gefühl.

Heimaten – ein Plural

Heimat kann also vieles sein, auch vieles gleichzeitig. Die Frage der Zugehörigkeit ist bei der Beschreibung von Heimat ein zentrales Element. Sie betrifft in besonderem Maße – aber nicht nur – Personen mit Migrationshintergrund, da im Verlassen eines nationalen oder kulturellen Raumes und mit dem Betreten eines neuen bereits unterschiedliche Referenzsysteme von Heimat aufeinandertreffen: alte Heimat auf neue Heimat, Vergangenheit auf Gegenwart der Zugehörigkeit, zukünftige auf fehlende Heimat. Die Zugehörigkeit kann stetig wechseln, kann im Fluss sein, spielerisch eingesetzt oder trotzig verteidigt werden.[3] *Für die erste Generation der* Einwandernden ist die Frage der Zugehörigkeit deutlicher mit dem Herkunftsland verbunden. Die zweite Generation beginnt die Frage von *Zugehörigkeit und Heimat* neu zu verhandeln.[4] Und für die dritte existiert das Herkunftsland der Eltern nur noch als *invented tradition*, ist aber dadurch nicht weniger bedeutend.[5] Fortwährende Zuschreibungen von außen zu dieser »eigentlichen« Heimat und multiple Differenzerfahrungen führen dabei zur steten Thematisierung von Zugehörigkeit *und Identität* und werden mit unterschiedlichen Strategien verarbeitet. In einer Studie, die wir vor zehn Jahren an der Humboldt-Universität durchgeführt hatten, wollten wir wissen, wie die zweite und dritte Generation eingewanderter Muslime in Deutschland für sich Heimat beschreiben. Die Studie nannten wir damals *Heymat-Studie.* Unser Forschungsinteresse galt der Hybridisierung von Zugehörigkeit, Heimat und Identifikation. Wir konnten bei den Probanden vier unterschiedliche Bezugspunkte feststellen, die wir als Einheimigkeit, Mehrheimigkeit, Keinheimigkeit und Neuheimigkeit klassifizierten.

Das Bedürfnis nach und die Artikulation von Einheimigkeit fanden wir vor allem bei jenen, die sich klar und national verorten wollten. Sie schrieben sich und ihre Zugehörigkeit einem einzigen Land zu, das für sie Heimat, Herkunft, Kultur, Tradition, Bezugspunkt und Selbstidentifikation stellte. Dabei war es überraschend, festzustellen, dass dieses Land nicht automatisch jenes war, aus dem die Eltern migriert waren. Manche sagten schlicht: »Deutschland«, als wir sie nach ihrer Heimat, nach ihrer Identifikation und ihrer Verortung fragten. Und beharrten darauf, nicht nach dem anderen Land befragt zu werden. Ich bin deutsch, nenn mich auch so. *Hört auf zu fragen. Ich bin von hier!* heißt ein Buch von Ferda Ataman, das dieses Gefühl treffend analysiert.[6] Andere Interviewte wiederum antworteten ganz klar mit dem Herkunftsland der Eltern: »Ich bin Türke und bleibe Türke. Auch wenn ich einen deutschen Pass habe.« Das Bedürfnis nach einer exklusiven Monozugehörigkeit sollte dabei offenbar nicht nur identitäre Eindeutigkeit ermöglichen, sondern auch eine klare Zugehörigkeit kennzeichnen.

Das Gefühl der Mehrfachzugehörigkeit konnten wir aus additiven Aussagen herauskristallisieren: Ich bin sowohl als auch. Deutsch, *türkisch*, iranisch und mehr. Bei dieser Teilgruppe war zu beobachten, dass ein sprachliches beziehungsweise kulturelles Code-Switching den Übergang zwischen den Teilheimaten ermöglichte und in diesem Übergang, in der Brücke dazwischen eine neue Heimat entstand. Kein »zwischen den Stühlen«, wie es immer wieder heißt, sondern es wird ein dritter Stuhl gebaut, wie Tarek Badawia es beschreibt.[7]

Keinheimigkeit, also eine multiple Nichtzugehörigkeit artikulierten vor allem jene, die eine nationale Verortung ablehnten. Ich bin weder noch, kein Türke, kein Deutscher, kein anderer. Ich bin ich. Ich bin Weltbürger. Ich bin Mensch.

Eine Neuheimigkeit hingegen klassifizierten wir bei jenen, die auf der Suche nach einer Selbstverortung ihre Heimat in einem übergeordneten Referenzraum fanden. »Lange hatte ich mich gefragt, bin ich nun Ägypterin oder bin ich Deutsche. Jetzt sage ich, ich bin Muslima, und das fühlt sich richtig an.« Heimat als transnationale, universale Identitätszuschreibung. Am besten eignet sich hier die Kommunistische Internationale, um das nachvollziehbar zu erklären. Auch dort war das verbindende Element die gemeinsame Haltung zur Welt. Die Heimat war der kollektive Gedanke.

Hybride und plurale Deutungsmuster von Heimat als pop- oder jugendkulturelle Phänomene werden vermehrt der sogenannten dritten Generation zugeschrieben. Eine mögliche Erklärung liegt in der Hypothese, dass die Jugendlichen der dritten Generation als Transitionsakteure in einem Zwischenraum agieren, der zum einen stark vom Vergessen der alten Heimat gekennzeichnet ist, zum anderen jedoch durch die Alteritätsdiskurse des Umfeldes kein Verschmelzen oder Ankommen in jener Heimat ermöglicht wird, die von der Dominanzgesellschaft als »Deutschland« imaginiert wird. Also schaffen sie ihr eigenes Deutschland. Das kann statustheoretisch damit erklärt werden, dass die dritte Generation bereits wesentlich stärker die Gleichheitsgrundsätze und die ihnen zustehenden individuellen Grundrechte, welche die deutsche Gesellschaft anbietet, verinnerlicht hat. Diese Generation reagiert daher bei Erfahrungen der Ausgrenzung beziehungsweise Ungleichbehandlung viel gereizter und schärfer, während die erste Generation sich mit einem hinteren Rang in der Gesellschaft eher abgefunden hatte. Die dritte Generation wird durch ihr Fordern und Ignorieren dessen, was von Eingewanderten erwartet wird, als »schwierig« wahrgenommen – nicht nur vonseiten der nicht migrantischen Bevölkerung, sondern auch vonseiten der ersten und der zweiten Generation der Zuwanderinnen und Zuwanderer.[8] Sie verweigern die Rolle des zweiten Platzes in der Gesellschaft – sie sehen sich als Einheimische –, selbst wenn sie sich selbstbewusst als Ausländer labeln. Sie waren schon immer hier und stellen deshalb nicht nur strukturelle und soziale Privilegien der Immer-schon-deutsch-Gewesenen infrage, sondern auch ihre symbolischen Privilegien. Das erzeugt parallel einen Diskurs um Leitkultur und Anspruch auf Heimat durch jene, die nationale Identität als Distinktion und Zeichen eines kulturellen, symbolischen und primordialen Privilegs deuten und clasht mit den Heimatbeschreibungen und -forderungen, die sich die junge migrantische Generation aneignet.

Heymat – ein Versprechen

Dort, wo auf lokalem Raum unterschiedlichste kulturelle Codes aufeinandertreffen und Partikularisierungstendenzen dem generalisierenden Charakter der Globalisierung entgegenwirken, entstehen – wie derzeit in Deutschland zu beobachten ist – soziale Konflikte. Diese werden, neben strukturellen Verteilungskämpfen und sozialen Neuorientierungen, emotional und affektiv auch als kulturelle oder identitäre Unvereinbarkeit mit dem »Eigenen« gedeutet. Dieses »Eigene« wird häufig in eine Zeit imaginiert, bevor Deutschland ein Einwanderungsland war. Und das Eigene wird dann als originäre nationale Identität oder Kultur gedacht, die es gegen den Prozess der Vermischung, des Verschwimmens oder der Hybridisierung zu verteidigen gilt. Dabei könnte man das neue Deutschland auch als Addition lesen: zu den tradierten Deutschlandbildern und Deutschlandgefühlen kommen neue hinzu. Deutschland wird in seinen Erzählungen und Bezugspunkten hybrider. »Dis wo ich herkomm«, sang Samy Deluxe 2010 und meinte mit dieser lapidaren Zeile, etwas ganz Großes: Das neue Deutschland. Das Land, das man sich emotional, kognitiv und politisch aneignen soll, durch Anerkennung, Gefühl und Kritik: »Das Land hat mir etwas gegeben, ich will was zurückgeben. Früher dacht ich, fick Politik, heut will ich mitreden. Im Land, das wir hassen. Im Land, das wir lieben. Im Land, wo wir leben ... Wenn Du in diesem Land lebst, hoff ich, dass Du offen bist ... Dies hier ist unser Deutschland. Dies hier ist euer Deutschland. Dies ist das Land, wo wir leben. Dies ist das neue Deutschland. Dis wo ich herkomm ...

Die Zugehörigkeit zu Deutschland definiert sich jedoch nicht nur über die eigene Fähigkeit zur Identifikation mit dem Mehrheitskollektiv, sondern auch über den Grad der Anerkennung durch eben jenes. Erst Anerkennung erlaubt eine Identifikation im Sinne der Angehörigkeit. Und erst der Dreiklang von Anerkennung, fragloser Zugehörigkeit und Angehörigkeit lässt einen glaubwürdigen, authentischen Moment von »Deutsch-Sein« und Heimat entstehen. »Richtig verstanden ist das Recht auf Heimat das Recht auf einen Ort, an dem man wohnt und arbeitet, Familie und Freunde hat ... Auch hier wird das Entscheidende an seinem Fehlen deutlich. Daß Heimat mit der Anerkennung und der Zugehörigkeit zu einer Gemeinschaft beginnt, wird sichtbar, wo die Anerkennung fehlt«, schreibt Bernhard Schlink.[9]

Dabei stellen gerade in Einwanderungsgesellschaften reduktionistische Ansichten auf identitäre Kernnarrationen wie Kultur, Nation oder Heimat oft Exklusionsmechanismen her, deren Überwindung für die soziale Kohäsion und Anerkennungsarbeit solcher Patchwork-Gesellschaften notwendig ist. Die Debatte um Heimat, die derzeit so präsent ist, ist auch als eine Debatte um fehlende Anerkennung zu lesen. Dabei überrascht, trotz der empirisch nachweisbaren Anerkennungslücken, die ausgesprochene Liebe der Migranten zu Deutschland,[10] die trotz aller Zurückweisungen genauso vorhanden ist wie bei Personen ohne Migrationshintergrund: In einer quantitativen Studie, die wir im Jahr 2016 an der Humboldt-Universität vorstellten, beantworteten 82 Prozent der Personen mit Migrationshintergrund die Frage danach, ob sie Deutschland liebten, mit Ja. Das waren nur drei Prozentpunkte weniger als jene, die schon immer Deutsche waren. Und interessanterweise gaben 65 Prozent der Migranten an, sich deutsch zu fühlen, obwohl nur circa

50 Prozent der Migranten einen deutschen Pass haben. Das Gefühl der Zugehörigkeit, ausgedrückt in Liebe ist also eines, das Identität herstellt. Aber schafft Liebe auch Heimat?

2019 leben fast 20 Millionen Menschen mit einem sogenannten Migrationshintergrund in Deutschland. Diese machen fast 25 Prozent der deutschen Bevölkerung aus. Wenn wir den Anfang unserer heutigen Einwanderungsgesellschaft mit dem ersten großen Anwerbeabkommen der Bundesrepublik von 1955 ansetzen, dann können wir bereits auf eine 65-jährige Geschichte der Migration zurückblicken. Insofern verfügen viele Menschen hierzulande bereits über eine gemeinsam geteilte Vergangenheit und eine gemeinsame Heimat. Für manche von ihnen zwischen München und Kiel ist Heimat die Weite, der Berggipfel, das Meer und für andere der dichte Wald und für manche andere die Sechser-WG in der Stadt. Für viele ist sie ein Sehnsuchtsort in der Vergangenheit, und für andere findet sie jeden Tag im Heute statt.

Fazit

Die deutsche Gesellschaft hat sich in den letzten Jahren stark gewandelt. Während die ersten 25 Jahre nach dem Anwerbeabkommen von 1955 vor allem geprägt waren von der festen Annahme, dass die Migranten wieder zurück in ihre alte Heimat gehen würden, und die nächsten 25 Jahre von der Abwehr, ein Einwanderungsland geworden zu sein, können die Jahre seit dem Integrationsgipfel 2006 als eine sehr dynamische Phase betrachtet werden, in der die deutsche Gesellschaft ihre Migrationsrealität aktiv ausgehandelt hat. Migration ist zu einem Wesensmerkmal der pluralen, gesellschaftlichen Realität geworden, und Deutschland hat sich zu einer Einwanderungsgesellschaft entwickelt, nicht nur empirisch, sondern seit der Zuwanderungskommission 2001 und dem Zuwanderungsgesetz 2005 auch politisch.[11] So sind Migration und Einwanderung als konstituierende gesellschaftliche Basis politisch anerkannt, auch wenn sie gesellschaftlich weiterhin von einigen Gruppierungen infrage gestellt werden. Konkurrierende Normen und Werte werden vielfältig ausgehandelt, Allianzen anhand der Haltung zu Vielfalt, Hybridität und Diversität werden ausgebaut sowie Abgrenzungen gegenüber rechtspopulistischen Parteien über die Grenzen des eigenen Migrationshintergrunds hinweg formuliert. Dies führt vermehrt dazu, dass gesellschaftliche Positionierung, Zugehörigkeiten, Rechte, Privilegien und Selbstverständnisse fortwährend neu verhandelt werden. Gleichzeitig wachsen in diesen postmigrantischen Gesellschaften, in denen es nicht mehr um das »Ob«, sondern um das »Wie« der Einwanderungsgesellschaft geht, die sichtbaren antagonistischen Positionen: rechtspopulistische Diskurse mit einer stark einwanderungsfeindlichen und spezifisch muslimfeindlichen Rhetorik werden bis in die Mitte der Gesellschaft salonfähig.[12] Diese Ambivalenzen zwischen Befürwortung, Akzeptanz und Ablehnung prägen die deutsche Gesellschaft bei der Transformation von einem Einwanderungsland hin zu einer durch Ein- und Auswanderung geprägten neuen deutschen Heimat für viele. Dabei müssen neue Formen der Heimatanerkennung erprobt werden: Neben den etablierten Heimaterzählungen von Wurzeln, samt Natur und Vergangenheit, und den lapidaren Beschreibungen von Wohnen und Familie – also neben Selbstverständlichkeit und Sicherheit – müssen wir noch mal genauer auf die Sehnsucht hören. Was verbirgt sich dahinter? Sehnsucht wonach?

Wenn Anerkennung verwehrt bleibt, entsteht multiple Heimatlosigkeit – denn ein großer Teil derjenigen, die hier leben, hat sich dieses Land zur neuen Heimat auserkoren. Es wird Zeit, dies zu lernen. Meine Mutter bat mich: »Nimm doch bitte noch auf: Heimat ist da, wo man deinen Namen kennt. Wo man dich mit Namen anspricht. Letztes Jahr habe ich eine Frau in Teheran getroffen, die ich schon 30 Jahre nicht mehr gesehen hatte. Und sie hat mich gerufen, laut und über die Straße, und dann hat sie mich fest in den Arm genommen. Das ist Heimat.« Meine Mutter ist eine Frau vom Rhein. Als sie meinen Vater heiratete, bekam sie den iranischen Pass. Wenn sie persisch spricht, macht sie Fehler und hat einen deutschen Akzent, aber die Menschen verstehen sie trotzdem. Sie freuen sich darüber, dass sie ihre Sprache gelernt hat. Und sie rufen ihren Namen – nicht verschämt und verdruckst, sondern laut und falsch.

Heimat ist, das Gefühl zu bekommen, ein Teil des Ganzen zu sein, und dann wird das Ganze ein Teil von dir. Heimat besteht aus Erinnerung, Gefühl und Transfer. Heimat ist hybrid. Schon allein, weil sie für manche so konkret ist, so überschäumend, so emotional und für andere so banal.

Anmerkungen

1 Elke Schmitters: »Besser weiß ich es nicht. Heimat.« Nachzulesen auf https://www.spiegel.de/spiegel/print/d-155843661.html

2 Nach infratest dimap vom 28.09.2015, für den Südwestrundfunk ARD.

3 Vgl. Nikola Tietze: »Zinedine Zidane oder das Spiel mit den Zugehörigkeiten«, in: *Mittelweg 36*/15 (2006) S. 4.

4 Alejandro Portes, Rubén G. Rumbaut: *Legacies. The story of the immigrant second generation.* Berkeley, Los Angeles 2001.

5 Eric J. Hobsbawm, Terence Ranger (Hrsg.): *The invention of tradition.* Cambridge 2012.

6 Ferda Ataman: *Hört auf zu fragen. Ich bin von hier!*. Frankfurt am Main 2019.

7 Tarek Badawia: »*Der dritte Stuhl«. Eine Grounded Theory-Studie zum kreativen Umgang bildungserfolgreicher Immigrantenjugendlicher mit kultureller Differenz.* IKO-Verlag für Interkulturelle Kommunikation. Berlin 2002.

8 Haci-Halil Uslucan: *Dabei und doch nicht mittendrin. Die Integration türkeistämmiger Zuwanderer.* Berlin 2011.

9 Bernhard Schlink: *Heimat als Utopie.* Frankfurt am Main 2000, S. 40 f.

10 Naika Foroutan, Coskun Canan et al.: *Deutschland postmigrantisch. Gesellschaft, Religion, Identität. Erste Ergebnisse.* Humboldt-Universität zu Berlin, Kultur-, Sozial-und Bildungswissenschaftliche Fakultät, Berliner Institut für empirische Integrations-und Migrationsforschung, 2016.

11 Vgl. Bericht der Unabhängige Kommission »Zuwanderung« 2001; BGBl 2004, S. 1950.

12 Vgl. Oliver Decker, Johannes Kiess, Elmar Brähler: *Die stabilisierte Mitte. Rechtsextreme Einstellung in Deutschland 2014* (Universität Leipzig). Leipzig 2014.

Michael Brenner
Ein Zuhause, aber keine Heimat
Eine kleine Geschichte jüdischer Zugehörigkeitsgefühle

Neue Heimat Deutschland? Hätte man dies den 250 000 osteuropäischen Holocaust-Überlebenden gesagt, die als sogenannte »Displaced Persons« (DPs) zwischen 1945 und 1948 in die amerikanische Zone kamen, so hätten sie dies entweder als schlechten Witz oder als bösartige Unterstellung zurückgewiesen. Die Deutschen hatten ihre Familien ermordet, ihre alte Heimat zerstört und sie selbst gefoltert, in Verstecke getrieben oder ins Exil fortgejagt. Nun kamen sie ausgerechnet ins Land der Täter, geflüchtet vor den Pogromen in Osteuropa nach dem Krieg, vor den neuen kommunistischen Regimen oder einfach »hängen geblieben« auf dem Weg ins gelobte Land. Eine Viertelmillion zumeist polnischer, aber auch ungarischer, rumänischer und tschechischer Juden, die die Konzentrationslager überlebt hatten, in Erdlöchern versteckt waren, sich unter falschen Papieren bewegt hatten oder im sowjetischen Exil ausgeharrt hatten, drangen über die polnische und tschechoslowakische Grenze in den Westen.

Nach Deutschland wollten sie nicht, Deutschland gab es ja eigentlich auch gar nicht mehr, zumindest nicht als politischen Begriff. Es gab die verschiedenen Besatzungszonen. In der amerikanischen Zone fühlten sie sich zunächst sicher. Hier lebten sie zumeist wiederum in Lagern, den DP-Lagern, in Orten, von denen sie vorher niemals gehört hatten: Feldafing und Föhrenwald, Eschwege und Pocking. Sie erkannten die Symbolik mancher Orte sehr gut. In Landsberg befanden sie sich in unmittelbarer Nähe der Festung, in der einst Hitler einsaß; ausgerechnet auf Streichers ehemaligem Landgut in Franken errichteten sie einen Kibbuz, der der Vorbereitung auf das Leben im künftigen jüdischen Staat dienen sollte. Eines war ihnen allen klar: Hier wollte niemand bleiben.

Doch die Briten hielten die Tore Palästinas fest verschlossen und schickten diejenigen, die – wie auf dem Flüchtlingsschiff *Exodus* – die Überfahrt über das Mittelmeer geschafft hatten, sogar zurück in deutsche Internierungslager. In den Vereinigten Staaten waren noch die rigorosen Einwanderungsbestimmungen aus den 1920er-Jahren in Kraft. So betrachtete man die amerikanische Zone als vorübergehenden Rettungshafen, bis sich die eigentliche neue Heimat öffnen sollte.

In der Zwischenzeit bauten sie sich eine Ersatzheimat auf der »blutgetränkten Erde«. Sie gründeten jiddische Zeitungen, Theatergruppen, Talmudschulen und Fußballmannschaften. Viele von ihnen hatten nicht nur Eltern und Geschwister, sondern auch Ehepartner und Kinder in den Gaskammern von Auschwitz oder den Erschießungsgräben von Babi Jar verloren. Sie wollten ein neues Leben beginnen, heirateten, gründeten neue Familien.

Für die deutsche Nachkriegsgesellschaft waren sie ein Willkommensgeschenk, wie es 1949 der damalige Militärgouverneur und spätere Hohe Kommissar John J. McCloy deutlich gemacht hatte: »Was diese Gemeinschaft sein wird, wie sie sich formiert, wie sie ein Teil des neuen Deutschlands wird und sich mit ihm verschmilzt, wird, glaube ich, von der ganzen Welt sehr aufmerksam beobachtet werden. Es wird meiner Ansicht nach einer der wirklichen Prüfsteine für den Fortschritt Deutschlands sein.«[1] Für die jüdische Welt waren sie kein Prüfstein, sondern ein Stein des Anstoßes. Gemäß der 1948 ausgegebenen Devise des Jüdischen Weltkongresses sollten sich »Juden nie wieder auf der blutgetränkten Erde Deutschlands ansiedeln«. Deutschland blieb für Juden in Israel und den USA, aber selbst in Frankreich und der Schweiz über Jahre, ja Jahrzehnte hinweg ein geächtetes Land.

Wie aber empfanden die in der amerikanischen Zone Gestrandeten selbst ihre Existenz auf deutschem Boden? Mendel Mann, Schriftsteller und Redakteur der Regensburger jiddischen Zeitung *Der najer Moment*, drückte kurz vor seiner Abreise nach Israel in bewegenden Worten seine ambivalenten Eindrücke vom mehrjährigen Aufenthalt in Deutschland aus: »Still, gemütlich ruhen die bayerischen Dörfchen. Du glaubst, dass das menschliche Gewissen so rein ist wie der Schnee auf den Bergspitzen, und dass ihre hellen Augen so unschuldig sind wie der helle Himmel. Komm aber näher, Mensch, näher zu den Bergen. Komm im Frühling, wenn der Schnee schmilzt und die Erde sich mit ihrer Pracht öffnet. Geh über die Wege, welche in die Stadt Cham führen, durch die Dörfer, die auf den Berghängen liegen [...]. Geh die Donau entlang und du wirst die blutigen Zeichen von Deutschlands ›Unschuld‹ sehen! Erst jetzt wirst du Deutschland verstehen. Gräber von jüdischen KZlern sind verstreut über die Bergpfade, geblieben sind nur nackte Kreuze aus jungen Birkenzweigen. Durch die ›unschuldigen‹ Dörfer und die unberührten Berge hat man in den April-Tagen im Jahr 1945 Scharen von Juden getrieben [...]. Bald werde ich für immer das Land des geplanten Massenmords verlassen. Aber es quält mich die Frage: Wer ist der Deutsche wirklich? Ein verführter Verbrecher? Ein dressierter Golem? Ein gehorsamer Knecht? Ein Despot? Oder ein unschuldiger Familienmensch? Ich schaue auf die bayerischen Berge und möchte aus tiefstem Herzen schreien, dass die Berge erzittern: Mörder!!!«[2]

Eine Heimat auf Zeit

Der aus Warschau stammende Jacek (Jack) Eisner war auf einem der Todesmärsche von Flossenbürg im Oberpfälzer Wald befreit worden. Sein Schicksal gehört zu den ungewöhnlichsten unter den KZ-Überlebenden. Gemeinsam mit einer Gruppe Gleichgesinnter gründete er noch 1945 eine Jazzband, die sich – nicht ohne Ironie – den Namen »Happy Boys« gab. Diese Happy Boys hatten fast alle Familienangehörigen verloren, waren selbst nur wie durch ein Wunder am Leben geblieben und saßen jetzt in Deutschland fest. Mit ihren in Lodz während des Krieges

Helmut Kind

vergrabenen Musikinstrumenten begaben sie sich auf Tournee in die jüdischen Gemeinden der Umgebung wie Amberg, Regensburg und Weiden, in die großen südbayerischen DP-Lager und selbst in die britische Zone, wo am Rande des ehemaligen KZ Bergen-Belsen zahlreiche jüdische Displaced Persons untergebracht waren.

Eisner schildert sehr differenziert die Kontakte mit der nicht-jüdischen Umgebung und zeigt, wie vielfältig diese bereits kurz nach Kriegsende waren. Zu den amerikanischen GIs bestanden freundschaftliche Kontakte, man wurde in ihren Casinos zum Vorspielen eingeladen. Doch waren die Musiker sich einig, keinerlei Verbindung zur deutschen Umwelt aufzunehmen, ja sich an den Nazigrößen persönlich zu rächen. Zu Racheakten waren sie jedoch nicht imstande, da sie sich nicht auf dieselbe Ebene mit den Tätern begeben wollten. Erste Kontakte gab es zumeist auf geschäftlicher Basis, denn im Gegensatz zur örtlichen Bevölkerung, die auf landwirtschaftliche Produkte zurückgreifen konnte, hatte man weder eigene Bauernhöfe noch Bekannte unter den Bauern. Die Pakete der amerikanischen Hilfsorganisation JOINT waren die Hauptversorgungsquelle der jüdischen DPs, und es war kein Wunder, dass sie bald eine Schlüsselrolle im Schwarzmarkt einnahmen. Dieser Kontext wiederum führte zu antisemitischen Schilderungen, nicht nur in der Lokalpresse, sondern bis zum *Spiegel* und anderen Medien.

Da zahlreiche DPs nicht in Lagern lebten, sondern zur Untermiete im Ort, entstanden auch auf dieser Ebene manche persönlichen Bindungen, die noch Jahre nach der Emigration andauerten. Bald entdeckte Eisner, dass es auch einige »gute Deutsche« gab, die versucht hatten, Widerstand zu leisten, oder zumindest nun aufrichtig bereuten, den Opfern nicht mehr geholfen zu haben. So entstanden enge Kontakte zwischen Familien in Cham und jüdischen Displaced Persons.

Nicht selten kam es vor, dass junge Männer wie Eisner ihre ersten Freundinnen unter den Mädchen im Ort fanden. Dabei beschreibt er seine Hemmungen, mit einem deutschen Mädchen unter seinen jüdischen Freunden aufzutauchen. Ähnlich berichtete Ruth Klüger in ihren Erinnerungen über ihr Studium in Regensburg kurz nach Kriegsende, wo sie dem späteren Schriftsteller Martin Walser begegnete. Als die 15-Jährige und ihr ein paar Jahre älterer Kommilitone öfter miteinander gesehen wurden, musste sie sich gegenüber ihren jüdischen Freunden verteidigen, mit einem Deutschen ausgegangen zu sein.[3] Diese Verbindungen wurden strikt verurteilt. Der Oberrabbiner von Niederbayern und der Oberpfalz, Dr. Glatzer, wandte sich in zahlreichen Schreiben gegen die Verbindungen von überlebenden Juden mit deutschen Frauen. In einem auch an die New Yorker jiddische Zeitung *Forverts* geschickten Flugblatt rief er dazu auf, nicht zu vergessen, dass dieselben Gretchens, die jetzt ihre jüdischen Liebhaber umarmten »mit dem noch unschuldigen Blut unserer Kinder und Frauen« beschmutzt seien und noch vor Kurzem »aus der Haut Eurer Eltern Lampenschirme gemacht haben«.[4]

Eisners Offenheit ist angesichts dieser Stimmen besonders bemerkenswert. So nahm er auch die Probleme des Mädchens wahr, ihrer antisemitisch eingestellten Familie klarzumachen, dass sie mit einem jüdischen Freund »ging«: »Ich war selbst überrascht von der Intimität und Nähe, mit der sie mir begegnete. Die Tatsache, daß sie Deutsche war, spielte dabei überhaupt keine Rolle. Es war auch gar nicht unangenehm, mit ihr über das schwierige Verhältnis von Deutschen und Juden zu sprechen.«[5]

Das komplizierte Verhältnis zur Umwelt kam auch in den immer wieder anklingenden Selbstzweifeln Eisners zum Ausdruck, dass die Überlebenden sich Wohnungen und Autos requirierten und dem schlechten Gewissen ihrer Nachbarn in die Augen blickten. Überschattet wurde dies allerdings von dem Gefühl der Ungerechtigkeit, das die Überlebenden immer wieder befiel, wenn sie sahen, dass im Gegensatz zu ihnen selbst, die doch eigentlich zu den Siegern gehören sollten, die Verlierer des Krieges den größten Teil ihrer Familie noch immer um sich hatten, weiterhin in ihren Häusern und der gewohnten Umgebung bleiben durften und nach der Heimkehr aus dem Krieg ihre alten Berufe wieder ergriffen. Für sie selbst dagegen war die gesamte Vorkriegswelt zerstört worden. Deutschland blieb auch für Jack Eisner nur eine Durchgangsstation auf dem Weg in ein neues Leben in Amerika.

Als 1948 der Staat Israel gegründet wurde und im Jahr darauf die USA ihre Einwanderungsbestimmungen lockerten, verließen, wie Eisner, die meisten überlebenden Juden die amerikanische Zone und Europa. Und dennoch: Etwa jeder zehnte blieb in dem neuen Staat, der nun bewusst das Erbe des alten Deutschen Reichs antrat. Man mache sich nichts vor. Sie blieben nicht, weil sie meinten, sie würden unbedingt beim Aufbau der Bundesrepublik gebraucht werden. Sie blieben, weil sie zu müde und ausgelaugt waren, um anderswo nochmals eine neue Heimat zu suchen; sie blieben, weil sie eine Lebenspartnerin gefunden hatten, denn unter den jüdischen Überlebenden bestand ein großer Überschuss an Männern; sie blieben, weil sie sich aus den Trümmern der Nachkriegszeit eine neue Existenz in München, Frankfurt oder Berlin aufgebaut hatten.

All dies muss man verstehen, um die Frage beantworten zu können, ob Deutschland für die jüdischen Überlebenden aus Osteuropa, die auch nach 1950 blieben, eine neue Heimat wurde. Die meisten von ihnen betrachteten die Bundesrepublik als eine temporäre Heimat, sie saßen auf den sprichwörtlich gepackten Koffern, und wenn sie selbst den Sprung nach Israel schon nicht mehr schafften, so hofften sie darauf, dass ihre Kinder diesen Schritt einmal vollziehen würden. Wenn sie nach Israel reisten, schämten sie sich mitunter, im Land der Mörder zu leben. Manche sagten lieber, sie kämen aus Österreich, bis dies später noch weniger opportun klang als Deutschland. Anfangs sträubten sie sich dagegen, die deutsche Staatsbürgerschaft annehmen zu wollen. Als man es aber satt war, von München aus für jeden Skiausflug über die Grenze und von Frankfurt aus für jeden Besuch in dem koscheren Supermarkt in Strasbourg ein Visum beantragen zu müssen, bemühte man sich um den deutschen Pass. Die Gründe waren eher pragmatischer Natur, nicht idealistischer.

Neben den osteuropäischen jüdischen Displaced Persons gab es eine kleine Gruppe deutscher Juden, die in Verstecken, Lagern und unter falscher Identität überlebt hatten oder unmittelbar nach dem Krieg nach Deutschland zurückgekommen waren. Sie kannten keine andere Heimat als Deutschland, aber die Nationalsozialisten hatten ihre Heimat gestohlen. Als sie 1950 die Dachorganisation der jüdischen Gemeinden neu gründeten, schlossen auch sie bewusst nicht da an, wo die früher in dem Centralverein vereinigten »deutschen Staatsbürger jüdischen Glaubens« 1933 aufgehört hatten. Stattdessen wählten seine Gründer den bezeichnenden Namen »Zentralrat der Juden in Deutschland«. Man sah sich nun als Juden in Deutschland, aber um wieder »deutsche Juden« werden zu können, war es noch ein langer Weg.

Vergessen konnte in dieser Umgebung niemand der Überlebenden, egal ob sie aus Osteuropa oder Deutschland stammten. Wenn man den gleichaltrigen Nachbarn in der Wohnung nebenan sah, den Rentner in der Straßenbahn oder die alte Dame im Bäckerladen – immer tauchte die Frage auf: Was mögen sie wohl vor 1945 gemacht haben? Die meisten verdrängten die Vergangenheit, sprachen nicht einmal mit ihren Kindern darüber. Andere wiederum sprachen mit ihren Familien und anderen Überlebenden fast ausschließlich über ihre Gettojahre und Lagererfahrungen. Zumeist blieb man unter sich. Die Berührungsängste bestanden schließlich auf beiden Seiten.

Deutsche Staatsbürger jüdischen Glaubens

Irgendwann änderte sich etwas. Gut drei Jahrzehnte nach Kriegsende brach das Schweigen auf beiden Seiten. Die Ausstrahlung der amerikanischen Fernsehserie *Holocaust* schuf nicht nur neue Begrifflichkeiten, sondern setzte ein Gespräch über die Beteiligung der eigenen Familienmitglieder an den Verbrechen in Gang, das in diesem Ausmaß vorher nicht vorhanden war. Auf jüdischer Seite realisierten die in Deutschland Verbliebenen, dass ihre Kinder oftmals nicht auswandern wollten oder dass sie aus Israel wieder zurückgekehrt waren. Ohne darüber zu sprechen, wurden die gepackten Koffer langsam ausgeleert. Neue Synagogen entstanden. Bei ihren Einweihungen wurde der bezeichnende Satz »Wer ein Haus baut, will bleiben« zum Standardspruch. Die jüdischen

Gemeinden sahen nicht mehr so aus wie Reisebüros, die mit Bildern vom Toten Meer und dem Karmel-Berg, mit Porträts von Mosche Dajan und Golda Meir für einen endlosen Urlaub im Heiligen Land warben. Man wurde sich zunehmend der Tatsache bewusst, dass die deutsch-jüdische Geschichte nicht nur eine Geschichte der Verfolgung war. In den Gemeinden erinnerte man sich auch ihrer positiven Aspekte. Jüdische Zuwanderer kamen 1968 aus Polen und der Tschechoslowakei, Anfang der 1970er-Jahre während des »Tauwetters« im Kalten Krieg aus der Sowjetunion.

In den 1980er-Jahren brach diese neue Situation dann auf, als sich eine junge Generation deutscher Juden an die Öffentlichkeit begab. Es waren vor allem Proteste, in denen sich die Sehnsucht nach einer neuen Heimat äußerte. Denn nur wenn man dazugehören wollte, äußerte man sich auch öffentlich. Die Proteste richteten sich gegen die Aufführung des als antisemitisch verstandenen Stücks *Der Müll, die Stadt und der Tod* von Rainer Werner Fassbinder ebenso wie gegen den Besuch von Präsident Reagan und Bundeskanzler Kohl an den Waffen-SS-Gräbern auf dem Friedhof in Bitburg. Man wollte nun gehört werden. Die jüdische Politik, die bisher zumeist hinter verschlossenen Türen gemacht wurde, fand nun zunehmend in der Öffentlichkeit statt.

Mit keiner anderen Person war diese Veränderung so sehr verbunden wie mit Ignatz Bubis, der wohl selbst mit dem »reichen Juden« in Fassbinders Stück gemeint war und der als Vorsitzender der Jüdischen Gemeinde Frankfurt nun auch eine neue Rolle als Bühnenbesetzer erlangte. Wenige Jahre nachdem Bubis gemeinsam mit anderen Frankfurter Juden die Bühne des Schauspiels Frankfurt besetzt und somit erfolgreich die Aufführung von Fassbinders Stück verhindert hatte, wurde er zum Vorsitzenden des Zentralrats der Juden in Deutschland gewählt. Er folgte dem korrupten Werner Nachmann, der Millionen von Steuergeldern in seine marode Schrottfirma gesteckt hatte, und dem korrekten Heinz Galinski, den die deutsche Öffentlichkeit vor allem als Mahner vor neuem Unrecht wahrnahm. Bubis war ein anderer Charakter. Im Gegensatz zu seinen Vorgängern war er ostjüdischer Herkunft und als Jugendlicher den Vernichtungslagern nur knapp entkommen, war formaler Bildung beraubt worden, erwies sich aber als genialer Selfmademan, der sich im Wirtschaftswunder eine Millionenexistenz aufbaute, ein unterhaltsamer Erzähler jüdischer Witze war und den späteren Bundestrainer Helmut Schön zu seinen engsten Freunden zählte.

Bubis war von der Vergangenheit nicht weniger gezeichnet als Galinski, aber er ging mit der Gegenwart offener um. Obwohl er als Geschäftsmann und Gemeindefunktionär einen dichten Terminkalender hatte, ließ er es sich nicht nehmen, wöchentlich und manchmal täglich Schulklassen zu besuchen und mit jungen Menschen zu sprechen. Man hatte zeitweise den Eindruck, hier hätte nun tatsächlich der Sprecher der in Deutschland lebenden Juden wieder eine neue, und nicht nur temporäre, Heimat in Deutschland gefunden. Tatsächlich benannte Bubis seinen autobiografischen Bericht *Ich bin ein deutscher Staatsbürger jüdischen Glaubens*.[6] Er wurde zeitweise sogar als Kandidat für den Posten des Bundespräsidenten gehandelt, und die Verfassungsrichterin und Präsidentin des Goethe-Instituts Jutta Limbach bemerkte im Nachhinein: »Bubis war so eine Art inoffizieller Bundespräsident.«[7]

Doch die letzten Jahre in Bubis' Leben brachten für ihn herbe Rückschläge. Er musste mit ansehen, wie in Rostock und Hoyerswerda andere Flüchtlinge, die Deutschland als ihre wahre Heimat ansehen wollten, in brennenden Häusern um ihr Leben fürchteten und wie die Täter dieser Aktionen in ihrem unseligen Tun von zahlreichen Bürgern angefeuert wurden. Er musste sich von Martin Walser nicht nur von der Moralkeule Auschwitz erzählen lassen, sondern in einem Fernsehgespräch auch noch fragen lassen, was er eigentlich in Rostock zu suchen hatte, und dass er, Walser, sich doch schon mit dem Holocaust auseinandergesetzt habe, als er, der Holocaust-Überlebende Bubis, »noch mit ganz anderen Dingen beschäftigt« war. Er musste sich in Rostock die Frage des CDU-Bürgerschaftsabgeordneten Karlheinz Schmidt anhören: »Sie sind deutscher Staatsbürger jüdischen Glaubens, Ihre Heimat ist Israel. Ist das richtig so?« Bubis erwiderte: »Sie wollen mit anderen Worten wissen, was ich hier eigentlich zu suchen habe?«[8]

Es waren wohl all diese Erfahrungen, die dazu beitrugen, dass der bereits vom Tode gezeichnete Bubis in seinem letzten großen Interview im *Stern* im Juli 1999 Zweifel am Erfolg seiner Tätigkeit und an der Möglichkeit jüdischer Existenz in Deutschland äußerte. »Fast nichts« habe er bewirken können, Deutsche und Juden seien einander fremd geblieben.[9] Sein letzter Wunsch, in Israel bestattet zu werden, mag daraus ebenso erwachsen sein wie aus dem Bewusstsein der Schändungen an der letzten Ruhestätte von Heinz Galinski, dessen Grabstein auf einem jüdischen Friedhof in Berlin innerhalb weniger Monate zweimal von Sprengstoffattentaten nahezu zerstört wurde. Deutschland mochte ihm zwar Heimat geworden sein, doch eine Heimat, die man ihm ständig streitig machte.

Unter Bubis und seinem Nachfolger Paul Spiegel ist ein offensiver Weg heraus aus dem Hintertürendasein der jüdischen Existenz begonnen worden. Mit Charlotte Knobloch wurde 2006 erstmals eine Frau oberste Repräsentantin der Juden Deutschlands. Das bereits von Paul Spiegel in der Wochenzeitung *Jüdische Allgemeine* in seinem Ausblick auf das jüdische Jahr 5762 im September 2001 ausgesprochene Wort »Die Zeiten der gepackten Koffer sind vorbei« wurde zum Motto der neuen Zentralratspräsidentin, die anlässlich der Grundsteinlegung zum neuen Münchner Gemeindezentrum 2003 sich eben jener Worte wirkungsvoll bediente.[10]

Bubis, Spiegel und Knobloch standen zu einer Zeit an der Spitze der deutsch-jüdischen Gemeinschaft, als diese ihre größte Veränderung seit 1945 erlebte. Die Zahl von unter 30 000 Mitgliedern der jüdischen Gemeinden, die bis 1990 konstant geblieben war, vervierfachte sich innerhalb weniger Jahre als ein Ergebnis der Einwanderung aus den Ländern der früheren Sowjetunion. Die große Mehrheit der Juden, die nun die Möglichkeit hatten, die Sowjetunion und ihre Nachfolgestaaten zu verlassen, ging nach Israel. Doch über 100 000 russische, ukrainische, weißrussische, litauische und georgische Juden zog es nach Deutschland. Das Echo der Worte von General McCloy nach dem Zweiten Weltkrieg, die Welt werde aufmerksam beobachten, wie das neue Deutschland mit den

Juden umgeht, und sie werden zum Prüfstein seiner Demokratie werden, hallte noch ein halbes Jahrhundert später nach. Nun gab es wieder ein neues Deutschland – und wieder blickte ein Teil der Welt besorgt auf die entstehende europäische Großmacht. Außenminister Joschka Fischer versicherte den skeptischen Beobachtern: »Eine wichtige Messlatte für eine offene und tolerante Gesellschaft ist die Existenz jüdischer Gemeinden in Deutschland. Die Frage, ob Juden sich in unserem Land sicher fühlen, betrifft die wesentliche Frage der Glaubwürdigkeit unserer Demokratie.«[11] So überraschte es nicht, dass wenige Jahre vor Fischers Rede alle Parteien im Bundestag die Aufnahme jüdischer Flüchtlinge aus den Ländern der ehemaligen Sowjetunion einstimmig begrüßt hatten. Wenn Juden an die Türen Deutschlands klopften, konnte das Land aufgrund seiner historischen Erfahrung diese nicht verschließen.

Viele erwarteten nun die Rückkehr der Mendelssohns und Einsteins, Kafkas und Freuds oder gar ein Wiederaufblühen jener deutsch-jüdischen Kultur, die Namen wie Franz Rosenzweig und Martin Buber vor 1933 geprägt hatten. Es kamen Bauingenieure und Ärzte, Musiker und Computerspezialisten, die von jüdischer Religion gar nichts oder sehr wenig wussten, denn während der Sowjetunion war es fast unmöglich gemacht worden, diese zu praktizieren. Doch sie wussten, dass sie Juden waren, denn so stand es in ihren Ausweisen. Dieser Eintrag hatte einst ihren Studienplatz oder ihre akademische Karriere verhindert – und förderte nun die Ausreise in ihre neue Heimat. Galt ihnen das Judentum in der Sowjetunion als Nationalität, so wurden sie nun belehrt, dass es sich in Deutschland dabei um ihre Religion handelte – eine Religion, die die meisten von ihnen weder kannten noch praktizieren wollten.

Im Unterschied zu den Holocaust-Überlebenden unmittelbar nach 1945 waren diese Zuwanderer nach Deutschland gekommen, um zu bleiben. Gewiss, auch sie assoziierten Deutschland noch mit dem Land, das einst ihr eigenes Leben oder das ihrer Familien bedroht hatte, doch nun, ein halbes Jahrhundert später, war Deutschland vor allem das Land der Hoffnungen geworden: der Hoffnung auf ein besseres Leben, der Hoffnung auf politische Stabilität und nicht zuletzt der Hoffnung auf ein vereintes und friedvolles Europa, das sich seiner eigenen Vergangenheit stellt.

Einer von ihnen war Wladimir Kaminer, der als satirischer Schriftsteller zum Bestsellerautor wurde. Die Suche nach der Heimat spielt in seinen Kurzgeschichten, zumeist ironisiert, eine wichtige Rolle. In einem Interview sagte er einmal – ganz ohne Ironie – über die mit ihm nach Deutschland Eingewanderten: »Einmal hier, stellen sie fest, dass sie Mythen nachgejagt sind. Das Deutschland, das sie gesucht haben, die wahre Heimat, die gibt es hier nicht.«[12] Auf seiner Webseite findet sich zwar ein Zitat Heiner Müllers, das lakonisch feststellt: »Heimat ist dort, wo die Rechnungen ankommen.«[13] Aber auch für Kaminer gibt es eine tiefere Dimension der Heimat. Kaminers Kurzgeschichten enthalten nostalgische Anspielungen an seine ursprüngliche Heimat sowie Liebeserklärungen an seine neue. Und seine über viele Jahre lang äußerst populäre »Russendisko« hat ein Stück alter musikalischer Heimat mit in die neue transportiert.

Die »Russen« sind nur ein Teil der neuen jüdischen Gemeinschaft in Deutschland. Ein anderer sind die Israelis. Wie viele Israelis heute in Berlin leben, weiß niemand so genau, denn die meisten kommen mit ihren Zweitpässen, die sie aufgrund der Herkunft ihrer Großeltern erlangt haben, als deutsche, polnische, rumänische oder ungarische EU-Bürger ins Land. Seit Beginn des 21. Jahrhunderts ist Berlin eine »Hip-Adresse« für junge Israelis geworden. Man schätzt, dass derzeit über 20 000 in der Bundeshauptstadt leben. Vor allem Künstler, Musiker und andere Freischaffende, die sich das teure Pflaster in Tel Aviv, aber auch in London und Paris nicht leisten können, fühlen sich in Berlin wohl. Manche von ihnen pendeln mit den günstigen Flügen zwischen Spree und Yarkon. Andere ziehen weiter nach Prag oder Warschau. Einige gehen zurück nach Israel. Die restlichen bleiben in Berlin, wo sie nicht nur Falafelstände und israelische Gourmetrestaurants aufmachen, sondern auch eine hebräische Bibliothek eingerichtet haben, einen hebräischen Kindergarten eröffneten, Kunstgalerien bestücken und Musikorchester auffüllen. Ihre Entscheidung, sich in Deutschland niederzulassen, ist auch heute noch in Israel ein kleines Stück Provokation. Gelegentlich moniert ein israelischer Minister, dass die billigeren Joghurtpreise keine Auswanderung nach Deutschland rechtfertigen, und für manche ältere Israelis gilt die Abwanderung ins »Land der Mörder« weiterhin als Verrat an der zionistischen Sache.

Dabei verweisen sie auf den zunehmenden Antisemitismus, der von islamistischer Seite ebenso droht wie von rechtsextremer, und der von Linksaußen zunehmend im antizionistischen Gewand einer militanten Ablehnung des Staates Israel auftaucht. Wenn der Präsident des Zentralrats Josef Schuster heute davor warnen muss, in manchen Gegenden lieber keine Kippa aufzusetzen oder sich einen Davidstern umzuhängen, dann mag man dies zwar traurig finden, aber verdenken kann man es ihm nicht. Zu häufig sind mittlerweile die Zwischenfälle auf Menschen, die sich als Juden zu erkennen geben oder die andere für Juden halten, geworden. Doch nicht nur der Antisemitismus, auch der zunehmende Nationalismus, der die Idee Europa aufweichen ließ, wirkt sich negativ auf die jüdische Präsenz in Europa aus. Für die in Deutschland lebenden Juden war es immer verlockend gewesen, sich mit einem leuchtenden Europa der Zukunft zu identifizieren, statt im dunklen Schatten der eigenen Vergangenheit gefangen zu bleiben. Heute aber verdunkeln immer mehr Schatten auch die Zukunftsaussichten Europas.

In Amerika erzählte man gerne die Geschichte der älteren Dame aus Frankfurt, die sich in den 1930er-Jahren in New Yorks »Viertem Reich«, wie man das Viertel Washington Heights nannte, niedergelassen hatte. Wenn sie Jahrzehnte später gefragt wurde: »Do you feel at home here?«, antwortete sie: »Yes, of course, I feel at home – but nicht zu Hause.« 75 Jahre nach Kriegsende haben Juden zwar auch wieder in Deutschland ein Zuhause gefunden. Aber ist es ihnen auch Heimat geworden? Heimat ist ein zutiefst emotionaler Begriff, und diese emotionale Bindung scheuen viele Juden, wenn es um ihr Verhältnis zu Deutschland geht. Es mag durchaus »deutsch-jüdische Patrioten« (Michael Wolffsohn) geben, die stolz auf die 2000-jährige Geschichte der Juden auf dem Gebiet, das sich heute Deutschland nennt, verweisen. Doch die große

Mehrzahl der heute in Deutschland lebenden Juden hat ihre unmittelbaren Wurzeln in Russland, Polen, Ungarn, Rumänien oder Israel. Sie sehen sich mehreren Identitäten zugehörig, und stehen damit, ohne es vielleicht so genau zu wissen, durchaus in einer langen Tradition deutscher Juden. In seiner Autobiografie *Eine Jugend in Deutschland* schrieb der in der damals preußischen Provinz Posen aufgewachsene Ernst Toller, in Anlehnung an Vergils Grabinschrift: »Eine jüdische Mutter hat mich geboren, Deutschland hat mich genährt, Europa mich gebildet, meine Heimat ist die Erde, die Welt mein Vaterland.«[14] Viele Juden mögen angesichts der historischen Erfahrungen auch heute noch zögern, Deutschland als ihre Heimat anzuerkennen, doch dass es hier wieder eine blühende jüdische Gemeinde mit eigenen Kindergärten, Schulen und sogar Rabbinerseminaren gibt, hätte vor einem halben Jahrhundert kaum jemand vermutet. In diesem Sinne hat sich ihre Existenz als ein Prüfstein der deutschen Demokratie durchaus bewährt.

Anmerkungen

1 Zitiert in Tamara Anthony: *Ins Land der Väter oder der Täter? Israel und die Juden in Deutschland nach der Schoah*. Berlin 2004, S. 61.

2 Mendel Mann: »Daytshland«, in: *Nayvelt* vom 26.11.1948, zitiert in: Tamar Lewinsky: *Displaced Poets. Jiddische Schriftsteller im Nachkriegsdeutschland, 1945–1951*. Göttingen 2008, S. 141.

3 Ruth Klüger: *Weiter leben. Eine Jugend*. München 1994, S. 216.

4 Lewinsky 2008, S. 146.

5 Jack Eisner: *Die Happy Boys. Eine jüdische Band in Deutschland 1945 bis 1949*. Berlin 2004.

6 Ignatz Bubis: *Ich bin ein deutscher Staatsbürger jüdischen Glaubens. Ein autobiographisches Gespräch*. Köln 1993.

7 *Jüdische Allgemeine* Nr. 28/2003 vom 11.12.2003.

8 Zitiert nach: »Worte der Woche«, in: *Zeit* Nr. 46 vom 06.11.1992.

9 *Stern* Nr. 31 vom 29.07.1999. Siehe auch: Fritz Backhaus, Raphael Gross, Michael Lenarz (Hrsg.): *Ignatz Bubis. Ein jüdisches Leben in Deutschland*. Frankfurt am Main 2007.

10 http://www.emma.de/ressorts/artikel/juedinnen/charlotte-knobloch/ (letzter Zugriff 02.03.2012).

11 »Speech of Foreign Minister Joschka Fischer at the Anti-Defamation League's conference on ›Global Anti-Semitism‹«, New York, 01.11.2002, zitiert in: Lily Gardner Feldman: »A Three-

dimensional view of German History: The Weight of the Past in Germany's Relations with Jews in Germany, Israel and the Diaspora«, in: James Sperling (Hrsg.): *Germany at fifty-five. Berlin ist nicht Bonn*, Manchester 2004, S. 112.

12 https://www.tagesschau.de/inland/meldung196550.html (letzter Zugriff 14.04.2019).

13 http://www.wladimirkaminer.de/ (letzter Zugriff 14.04.2019).

14 Ernst Toller: »Eine Jugend in Deutschland«, in: ders.: *Gesammelte Werke*, Bd. 4, hrsg. von Wolfgang Frühwald, John M. Spalek. München 1978, S. 227–228.

Levi Israel Ufferfilge
Wenn ich dich vergäße, Jerusalem
Von einem jüdischen Nachhause

In einem der Wochenabschnitte, in die die Torah – die fünf Bücher
Moses – nach jüdischer Tradition unterteilt sind, liest man einmal im
Jahr in der Synagoge etwas Erstaunliches über das Juden heilig-heimi-
sche Land Israel. Im Wochenabschnitt Wajigasch im ersten der Bücher
Moses begleiten die Lesenden und Hörenden einen Abschnitt im Leben Ja'akovs, den spätere Generationen auch Jankev oder Jakob nennen
sollten. Ja'akov erhält die Kunde, dass – entgegen seiner Annahme – sein
liebster Sohn Jossef lebe und in Ägypten weile. Er zögert zunächst, zu
handeln, da er aus seiner Heimat Israel gehen müsste, die sein Großvater
Avraham von G'tt erhalten hatte und sein Vater Jitzchak – Isaak – zu seinen Lebzeiten ausdrücklich nicht gen Ägypten verlassen durfte. Ja'akov
sucht nach Vergewisserung in Be'er Scheva, wo er G'tt ein Opfer dar-
bringt. G'tt versichert seinem treuen Diener daraufhin, dass er Ja'akov
auf der Suche nach seinem Sohn sogar nach Ägypten begleiten werde.

Etliche Jahrhunderte und Generationen später folgert der Gelehrte
Nahum Sarna im 20. Jahrhundert aus dieser Episode seines biblischen
Urahns Ja'akov, dass G'tt keine territorialen Beschränkungen kenne und
seinem Volke Israel treu folge. Es gebe folglich nach jüdischer Vorstellung
zwar heiligen Boden und ein heiliges Land, das den Juden eine Heimat
sein könne, doch das Land Israel habe kein Monopol darauf, den einzigen Zugang zu G'tt zu ermöglichen. Passend dazu heißt es in einem
mittelalterlichen Midrasch, dass, als Israel nach Ägypten gegangen war,
die Schechinah (hebräisch für Gegenwart G'ttes) das Volk Israel begleitet
habe. Ähnliche Formulierungen existieren auch in Bezug auf die antiken

jüdischen Exile Babylonien und Edom (nach rabbinischer Interpretation ist das das Römische Reich) bereits beim Propheten Jeschaja. Und im Talmudtraktat Megillah 29a heißt es, dass G'tt dann später nach der Zeit der Exile mit Israel aus der Diaspora zurückkehren werde.

Was heute offensichtlich erscheinen mag, war lange Zeit eine Debatte im Judentum: Kann, darf ein Jude außerhalb von Israel sein? Ist die Gegenwart G'ttes, sein Trost und sein Behüten, auch dort zu finden? Denn kann ein Zuhause nicht nur dort errichtet werden, wo G'tt das eigene Flehen erhört und annimmt?

Noch in den ersten Jahrzehnten des 20. Jahrhunderts nannten fromme europäische Juden Amerika die trejfe Medine, das unkoschere Land, ein Ort ohne Jiddischkeit (Jüdischkeit), voller Laster und von erschreckender Vergessenheit gegenüber den zu wahrenden Geboten und Traditionen. Ob G'tt überhaupt nach Amerika gekommen war?

Und in eben einem solchen Jahrzehnt, Mitte der 1930er-Jahre, fand sich eine deutsche jüdische Familie in ihrer Zuflucht Manchester in der Alten Welt wieder, um dort das nächste jüdische Fest nach dem hebräischen Kalender zu feiern. Es war ihr erster Feiertag in England; Rosch haSchanah und Jom Kippur, die Hohen Feiertage, mit denen besagter Kalender beginnt, hatten sie noch in Westfalen verbracht. Sie hatten alles – ihre Fabrik, ihre Sicherheit, ihren Wohlstand, ihre Freunde und Nachbarn, Hab und Gut, jeden letzten vertrauten Winkel im Heimatort, und ja, ihre Heimat – aufgeben müssen und waren in diese englische Textilstadt geflohen, in der Hoffnung, hier im bekannten Gewerbe aus Stoff und Garn, Nadel und Walze den Krieg zu überdauern. Und nun ging es daran, Sukkot, das Laubhüttenfest, zu feiern.

Die Sukkot waren die Hütten, die man früher im Lande Israel zum Essen und Schlafen während der anstrengenden Erntezeit im Herbst genutzt hatte. Passend zu dieser Herbstzeit lesen Juden an Sukkot das Buch Kohelet (Prediger) über die Vergänglichkeit aller irdischen Dinge. Kohelet erinnert auch daran, dass nur G'tt unvergänglich sei und sich für den Menschen deshalb eigentlich nur die Beschäftigung mit G'tt im Leben wirklich lohne.

Die Sukkot waren aber auch die Hütten, die die Hebräer – die Nachkommen des nach Ägypten aufgebrochenen Ja'akovs – während der Wüstenwanderung zum Essen und Schlafen genutzt hatten. Die Sukkah war ihnen 40 Jahre lang eine temporäre mangelhafte Behausung, die immer wieder auf- und abgebaut wurde. Sie bot ein wenig Zuhause in der Heimatlosigkeit auf der Durchreise zum ersehnten Lande Israel.

Die Sukkah erinnert also zugleich an eine anstrengende Erntezeit, an Vergänglichkeit, an die lange und beschwerliche Wüstenwanderung, an Heimatlosigkeit und nicht zuletzt daran, dass alles im Leben so fragil ist wie die Sukkah selbst. Schon ein einziger kräftiger Windstoß kann eine Sukkah zerstören. Sie ist einfach, erbärmlich gebaut; durch ihr Dach regnet es sogar hindurch.

So regnete es auch in Manchester durch die Sukkot in den Hinterhöfen. Die geflohene jüdische Familie sah sich inmitten von Fremden, die ihnen einen Platz in ihrer Sukkah angeboten hatten. Man konnte sich kaum miteinander verständigen; niemand sprach an diesem Abend die Sprache eines anderen. Der einstige Fabrikbesitzer schaute in die traumatisierten, leeren Gesichter seiner Kinder. Seine Frau lächelte tapfer, während Regentropfen ihren Weg durch das lichte Zweigdach der Sukkah suchten und auf dem Geschirr des provisorischen Festtagstischs zerplatzten. Sie sollten ein Fest der Heimatlosigkeit feiern, auch wenn das Leben in der Fremde nicht wie sonst zu diesem Anlass abstrakt und fern erschien. Jetzt war kaum mehr als diese Sukkah geblieben. »Warum denn soll dieses Fest der Hütten ein fröhliches Fest sein?«, fragte der Vater, den Blick auf seinen nassen Teller gerichtet.

»Erstens macht uns die Laubhütte alle materiell gleich, in ihr gibt es keine Unterschiede. Ein Reicher könnte sich keine größere, schönere, teurere, stabilere Sukkah bauen, die gleichzeitig koscher ist. Eine Sukkah kann nur einfach und fragil sein. Alle Juden dieser Welt, ob wohlhabend oder nicht, sitzen zwar in vielen Sukkot, aber sie alle sitzen auch in der gleichen Sukkah. Zweitens erinnert uns die Sukkah daran, was im Leben wirklich wertvoll ist: nicht materieller Besitz, denn alles, was wir haben, kann schnell verloren werden. Haben wir schon verloren.

Sogar der Ort, an dem wir leben und den wir unsere Heimat nennen, kann verloren werden. Was zählt, ist das Immaterielle: Familie, Freundschaften, Bildung, Kreativität, unsere Gedanken und unsere Vernunft – und natürlich unsere Traditionen und unser Glaube. Diese Werte haben unser Volk über die Jahrtausende bewahrt. Sich trotz Enteignung, Flucht und Vertreibung auf die eigene Familie, die eigene Bildung, den eigenen Erfindungsreichtum und den eigenen Glauben verlassen zu können, hat uns besonders stark gemacht, egal, wie oft und wo wir unsere Sukkah erneut errichten und wieder abreißen mussten. Und so wie es heißt, dass das Volk Israel an Sukkot in Erinnerung an all das in Hütten verweilen soll, so heißt es auch, dass G'tt mit uns in der Sukkah weilt. Er ist uns hier in der Sukkah also besonders nah und macht sie zu unserer Wohnstätte. G'tt ist uns gerade dann besonders nah, wenn unser Leben ausgesprochen instabil und vergänglich erscheint. Denn G'tt steht seinem Volk bei. Er begleitet es auf jeder Reise und durch jede Unsicherheit und Not überall hin – so wie unseren Vorvater Jakob.« So sagte es der Vater in Manchester zu seiner Familie. Zumindest hat man es mir immer so erzählt.

Ich bin jüdisch

Juden gibt es in Europa seit der Antike. Es gibt sie länger auf diesem Kontinent als Christen oder das Christentum. In Köln waren Juden wohl mindestens seit dem vierten Jahrhundert ansässig, zu einer Zeit, als die meisten Kölner noch nicht christianisiert waren. Doch ihre lang andauernde Existenz in Europa half ihnen in der Geschichte wenig; die Zahl der Vertreibungen von Juden aus größeren und kleineren europäischen Staaten ist eklatant; Herrscher nutzten sie als politischen Spielball, die Mehrheitsgesellschaften machten Juden immer wieder zu Fremden. In Köln konnte es Juden geben, lange bevor es den Dom, die ersten Katholiken gab, sogar vor den ersten Personen, die sich als »deutsch« begriffen, doch kommende Generationen konnten aus den

Juden trotzdem die Fremden, die Zugewanderten machen, die ihre diffusen germanischen Ursprünge nicht teilten.

Die Ursprünge des jüdischen Volkes sind jenseits historischer, archäologischer Forschung als literarisches Narrativ für jeden in einer Bibel nachzulesen. Dieses Narrativ ist für das Judentum bedeutender als wissenschaftliche Forschungsergebnisse oder die Historiografie, sind es doch die Heilserzählungen, die als Selbstverständnis der Gruppe tradiert wurden und werden.

Die Torah ist als religiöses Schriftwerk zugleich auch Nationalepos des Volkes Israel. Und dieses Epos ist ein Epos der Migration. Es erzählt von der Wanderung Avrahams, der als erster Jude seine Heimatstadt Ur gen Kenaan, das ihm von G'tt verheißene Land, verlässt. Es erzählt davon, wie Jossef, ein Urenkel Avrahams, später von seinen Brüdern aus eben jenem verheißenen Land nach Ägypten verkauft wird und – nach erfolgter Versöhnung – seine ganze Familie, da eine Hungersnot in Kenaan herrscht, zu sich holt. Die Torah berichtet weiter davon, wie die Nachkommen der Kinder Israels (so der neue Name von Jossefs Vater Ja'akov) sodann in Ägypten in die Knechtschaft gezwungen werden und den ägyptischen Herrschern als Sklaven dienen müssen, bis G'tt sie aus Elend und Exil befreit und unter Mosches Führung ins gelobte Land Israel (zurück)bringt.

Einerseits haben wir in der Torah also eine Heimat, das Land Israel. Es ist die Heimat, die Avraham für sich und seine Nachfahren erwählen soll. Es ist der Sehnsuchtsort, zu dem er sich aufmacht. Es sollte auch der Sehnsuchtsort der hebräischen Sklaven werden. Die Heimat muss immer wieder erreicht, dann verteidigt werden und droht immer wieder verloren zu gehen. Der Tanach, das Erste oder Alte Testament, ist voll von Ermahnungen, dass das Land die Israeliten ausspeien werde, sollten sie sich nicht an G'ttes Gebote halten. Die Knechtschaft in Ägypten, die Wüstenwanderung und später dann das babylonische Exil im sechsten Jahrhundert vor der Zeitenwende sollten nur Episoden in der Fremde bleiben. Die Heimat bleibt in der Bibel stets Israel mit seiner Hauptstadt Jerusalem.

Andererseits beginnt im Jahre 70 nach der Zeitenwende mit der Zerstörung des Zweiten Tempels in Jerusalem die Diaspora, also die Zerstreuung der Juden in der Welt. Fast 2000 Jahre lang wird es keine jüdische Heimstätte mehr geben; das Land Israel bleibt von anderen beherrscht. Einige Juden lebten schon vor dem Zeitalter der Diaspora freiwillig etwa im alten Griechenland, im Römischen Reich oder in Persien, doch waren fortan alle Juden darauf angewiesen, in zunächst fremden Ländern zu leben, deren Minderheit sie wurden. Das Diasporadasein wird kennzeichnend für das Judentum. Juden wurden Bewohner, dann Bürger anderer Länder, und mit den Generationen hatten sie verschiedene Staaten, die ihnen Heimat geworden sind. Doch Ausweisungen und Vertreibungen, Ungleichheit und Entrechtung sowie blutige Pogrome stellten die Zukunft in den Heimatländern infrage – oder beendeten sie gar. Heimat erweist sich in der Geschichte leider allzu oft als etwas, das Minderheiten durch die Mehrheitsgesellschaft nicht zugestanden wird.

Israel bleibt in der jüdischen Religion über die Jahrhunderte und Jahrtausende hinweg der schlechthinnige Sehnsuchtsort – bis heute. Man gedenkt der Zerstörung Jerusalems am Fasttag Tischah beAv, man ruft einander »Nächstes Jahr in Jerusalem!« am Ende des Sederabends an Pessach zu, und das dreimal täglich gesprochene wichtigste Gebet Schmone Essre erbittet von G'tt auch die Rückkehr aller Juden nach Israel.

Der Zionismus reagierte später auf das den europäischen Juden angetane Unrecht und suchte als politische, hauptsächlich säkulare Bewegung vor allem ab dem 19. Jahrhundert nach einer jüdischen Heimstätte. Viele Zionisten wollten sie auf dem Boden des biblischen Landes Israel errichten, wo noch das britische Mandatsgebiet Palästina bestand. Dieses Ansinnen blieb vielen anderen, wenn nicht den meisten sehr frommen Juden fremd, da es nur der Maschiach, der Messias, am Ende aller Tage, am Ende aller Sehnsüchte nach der verlorenen Heimat Israel vermöge, dieses Land wieder in eine Heimstätte für Juden zu transformieren.

Der Zweite Weltkrieg und die beginnende Shoah führten zu nie da gewesenen Fluchtanstrengungen und -bewegungen – für europäische Juden oft gänzlich raus aus Europa, um Zuflucht etwa in Nord- oder Lateinamerika, Palästina, Südafrika oder Australien zu suchen.

Zwei Drittel aller Juden Europas, das sind sechs Millionen Menschen, wurden in der Shoah ermordet. Der Zweite Weltkrieg zerstörte Europa, machte Millionen Menschen heimatlos. In der Nachkriegszeit wanderten Zigtausende Shoah-Überlebende in den 1948 gegründeten Staat Israel, aber auch in die Neue Welt aus. Verschwindend wenige von ihnen kehrten wieder zurück ins Nachkriegsdeutschland oder strandeten dort durch ihre Jahre in den Lagern der Displaced Persons.

Dieser historische Abriss wird der Geschichte jüdischer Migration natürlich nicht gerecht; er ist vereinfachend und lediglich auf die Juden Europas fokussiert. Aber es ist wichtig, diesen fragmentarischen Weg einmal lesend nachzuverfolgen, bevor es nun um die schwierige Frage geht, wie es heute aussieht mit jüdischen Identitäten in Bezug auf Migration und der Frage nach einer – neuen? – Heimat.

Nahezu alle Jüdinnen und Juden in diesem Land haben einen unmittelbaren Migrationshintergrund. Sie sind entweder selbst als Kontingentflüchtlinge aus den Staaten der ehemaligen UdSSR eingewandert oder leben hier als deren Kinder oder Enkel. Andere stammen aus Polen, Ungarn, Rumänien, waren Displaced Persons oder Geflüchtete, die sich vor Nachkriegspogromen oder politischen Bedrohungen in Sicherheit brachten. Manche haben Eltern aus dem Iran, andere aus Frankreich, den USA, Argentinien oder Israel. Bei wenigen jüdischen Familien jedoch fehlt ein solcher eindeutig nachzuvollziehender Migrationshintergrund. Egal, wie viele Generationen man zurückzugehen versucht, ihre Ahnen hatten immer in Deutschland gelebt, vielleicht schon seit dem frühesten Mittelalter oder davor. Jedenfalls so lange, dass das Empfinden, die eigene Familie sei weniger im Land angestammt als eine nicht jüdische deutsche Familie, die erklärtermaßen seit jeher immer schon »deutsch« war, völlig abwegig ist.

Doch jenseits des Umstands, ob eine Jüdin, ein Jude heute einen rekonstruierbaren Migrationshintergrund hat oder nicht, gibt es noch das große tradierte biblische Narrativ über die Herkunft des jüdischen

Volkes und über seine Heimat Israel. Jeder Synagogenbesuch, jeder gefeierte Festtag, zahllose Gebete erinnern an diese Herkunft. Meist ist in besagten Gebeten auf Hebräisch von den Vorvätern die Rede und davon, was diese einst erlebt hatten. Aber vieles davon ist in der Wir-Form verfasst: »Wir waren Sklaven« und: »Du, unser G'tt, hast uns aus Ägypten befreit.« In der Mischnah, einem bedeutenden Schriftwerk der jüdischen Tradition, heißt es im zehnten Kapitel des Traktats Pssachim, dass jeder einzelne Jude in jeder Generation sich selbst so betrachten möge, als sei er persönlich aus Ägypten hinausgezogen – und gen Israel aufgebrochen. Die Geschichte der eigenen Herkunft wird also nicht nur weitererzählt, sie wird auch nicht einfach nur vergegenwärtigt, vielmehr wird das eigene Selbst in die Geschichte hineingestellt. Nicht nur unsere Ahnen waren dabei. Wir waren dabei. Ich war dabei.

Bin ich ein Sohn der Wüste? Ein befreiter Sklave? Ist Israel meine Heimat?

Schon oft haben israelische Politiker, insbesondere Ministerpräsidenten, die Juden der Welt, die auch seit der Staatsgründung Israels weiterhin in der Diaspora leben, dazu ermuntert oder aufgefordert, in den jüdischen Staat einzuwandern, um »nach Hause« zu kommen. Dieses Sprachbild folgt der Tradition, von Israel als Heim oder Haus zu sprechen; zwei konkretere Begriffe als der der Heimat und ungleich intimer als der der überhöhten Patria, des Vaterlands.

Ich habe irgendwann aufgehört, mich zu fragen, wo ich eigentlich beheimatet, wo ich zu Hause bin. Vielleicht ist Israel meine spirituelle Heimat und Deutschland mein Zuhause, weil ich hier wohne, lebe und arbeite und weil meine Familie und Freunde hier sind. Und zöge ich einmal fort von hier, dann würde ich eben ein neues Zuhause aufbauen.

Ich war schon einige Male im belgischen Antwerpen, um dort hebräische und jiddische Bücher oder koschere Lebensmittel zu kaufen oder einen jüdischen Feiertag zu verbringen. Antwerpen ist eine wunderschöne Stadt mit einem großen jüdischen Viertel. Ich erinnere mich noch ganz genau an meinen ersten Besuch dort. Es war ein unwirklich heißer Sommertag, der in der schwülen Hitze zwischen Beton, Asphalt und Ziegel kaum auszuhalten war. Ich schaute den vielen chassidischen Herren in schwarzer Kleidung, mit langen Bärten, Pejes (Schläfenlocken) und breitkrempigen Hüten zu, wie sie geschäftig die Straßen entlanggingen. Ich hörte, wie einige von ihnen einen südöstlichen Dialekt des Jiddischen miteinander sprachen; eine jüdische Sprache, die sie genau wie ihre traditionelle Kleidung aus Osteuropa mit nach Antwerpen gebracht hatten. Sie trugen Tallitot, Gebetsmäntel, bei sich; sie kamen womöglich gerade aus einem Lehrhaus oder einer Synagoge, die sie Schil nennen, und hatten vor Minuten noch in aschkenasischer Aussprache hebräische Gebete gesprochen, gesungen. Ihre Ahnen hatten ihren Glauben aus dem Lande Israel, ihrer ältesten Heimat, mit nach Europa, mit nach Osteuropa gebracht. Und von dort weiter nach Flandern, mit Kleidung und Bräuchen aus der anderen alten Heimat, die vielleicht das russische Zarenreich oder die Bukowina gewesen sein mag. Sie haben noch immer hebräische Vornamen, ihre chassidischen Dynastien tragen noch immer die Namen der osteuropäischen Städte, denen sie entstammen, und ihre Nachnamen sind allzu oft deutsch; zurückgehend auf die Juden, die im Mittelalter von deutschsprachigen Städten, einer weiteren alten Heimat, vor allem gen Polen aufgebrochen waren, um sich dort ein besseres Leben aufzubauen. Ein Blick auf ihre Migrationswege ist auch ein Blick auf eine Kette temporärer Heimaten. Die Sukkah abbauen, die Sukkah aufbauen.

Ich schaute die chassidischen Herren an, deren Religion – obgleich nicht Strömung – ich teile, und staunte über die Vielfalt, die Vielschichtigkeit unserer jüdischen Identität, Identitäten. Ich sah die Unterschiedlichkeit, musste aber immer wieder an unseren gemeinsamen Ursprung denken, den wir im biblischen Narrativ verorten. Hätte ich meine Kippah nicht getragen, hätten die Herren wohl nicht einmal bemerkt, dass ich auch jüdisch bin. Auch mit ihnen aus Ägypten ausgezogen war. Ausgezogen, um eine Heimat zu erreichen.

Nach meinem ersten Eindruck vom jüdischen Viertel in Antwerpen hatte ich damals ein Gedicht geschrieben als Reflexion meiner eigenen jüdischen Identität. Ich würde es heute sicher etwas anders verfassen, doch möchte ich es an dieser Stelle unverändert wiedergeben:

Antwerpen

Stätte meines Geistes auf blutleerem Boden. Nur du bist noch geblieben.
Es wandert ein Meer schwarzer Vettern durch dich.
Sie sind mir Fremdeigene. Lebende Vorfahren ohne Familienzug.
Sie sehen mich gar nicht. Und ich mich.

Zwischen ihren langen Bärten
Und tief ins Gesicht gezogenen Hüten
Blicken mich fordernde Augen an.
Sind es meine?

Ihre Lippen sprechen unsere heilige Wüstensprache,
Umgeformt von eisigen Winden eines Zarenreichs, das lang schon begraben.
Die Fellhüte, ihnen zum Mahnmal schwerer Zeiten,
Gehen auf und nieder in der brennenden Sonne.

Zwischen Schreien und Säuseln immerfort heimelnde Klänge
Als verklingendes Echo eines fahlgrauen Landes,
Das mich zeugte und mir seine Sprache lieh.

Ich bin hier so falsch wie ich hier richtig bin.
Bin ihnen näher als ich mir selbst bin.
Und stehe still aus Ehrfurcht vor ihrer ununterbrochenen Treue,
Vor dem Versuch, ein Stiftszelt auf Sand zu bauen.

Ich aber streife noch immer durch die Wüste in der Art
der Fremden
Und halte Treue nur in Gedanken. Ein Rudiment mein Stiftszelt,
das mit mir wandert!
Ich bin einsam in mir selbst. In ihren Gassen und in meinen.

Doch blickt einer von ihnen in der Nacht gen Himmel,
Tut er es vielleicht mit meinen Augen.
Und zählt die Sterne, die Er gebildet, mir zum letzten Kompass.

Stätte meines Geistes auf blutleerem Boden. Nur du bist noch
geblieben.
Es wandert ein Meer schwarzer Vettern durch dich.
Und ich, ich wandere mit.

»Wenn ich dich vergäße, Jerusalem, so verdorre meine Rechte«, sagt
ein Psalmspruch, oft auf Wandschmuck verewigt, der an die Ostseite
von Wohnungen und Häusern praktizierender Juden angebracht wird,
damit den Gläubigen präsent bleibt, in welche Richtung sie ihre Gebete verrichten mögen – gen Jerusalem, der Heimat ihrer Vorväter
Herz. Jerusalem, die heilige Hauptstadt dieser Heimat, eine perfekte, ja
himmlische Stadt. Die Juden des littauischen Vilna malten sich das ge-
nerationenlang ersehnte Jerusalem, diese als ideal begriffene heilig-hei-
mische Stätte von Schutz und Erfüllung, in Illustrationen als eine Stadt
aus, die verblüffenderweise genau wie ihr Vilna aussah. Jüdische Vorstellungen und Erzählungen von Heimat sind doch immer auch Hoffnungen, dass man nicht *nach* Hause – dem Hause Israels – muss, um
endlich zu Hause sein zu können.

Auch ich habe einen solchen Jerusalem-Wandschmuck in meiner
Wohnung. Er hängt direkt gegenüber meinem blauen Sofa im Wohnzimmer. Wenn ich dort sitze und über einen Text nachsinne oder Bücher jüdischer Geschichte lese, schaue ich zwangsläufig auf zu jenen
hebräischen Lettern, die auf Stoff gestickt wurden. Ich habe die Worte

oft schon lang angestarrt. Was geschähe denn, wenn ich dich, Jerusalem, vergäße? Wäre ich dann heimatlos?

Wie viele Menschen schrieben im Guten oder Schlechten (man denke an den Topos des wandernden Juden) bereits davon, wie prägend für die Juden dieser Welt die Staatenlosigkeit im Sinne eines fehlenden jüdischen Nationalstaats gewesen sei. Eine Staatenlosigkeit, die durch den modernen Staat Israel jederzeit für einen Juden der Diaspora beendet werden könnte und für etwa die Hälfte aller Juden, nämlich den israelischen Staatsbürgern, bereits beendet ist. Doch für die jüdischen Identitäten war Israel stets nicht nur als tatsächliche Wohnstätte und verwirklichte Heimat bedeutungsvoll, sondern auch als noch nicht erreichter Sehnsuchtsort; und wesentlich war nie nur der Zustand von Staatenlosigkeit, sondern vielmehr auch das Bewusstsein, einst eine Heimat gehabt zu haben, die verloren wurde. Mit dem Blick zurück zum Verlust und nach vorn zum erneut Ersehnten geht ein Gefühl einher: Heimweh.

Hast du nie Heimweh?

Heimweh empfinden nach einem konkreten historischen Land, das viele Generationen von Juden selbst nie betreten, nie gesehen hatten? Vielleicht empfanden sie ein abstrakteres Heimweh. Heimweh nach einem ideellen Land, das ihnen Schutz und Gleichheit und Verwirklichung und Normalität und spirituelle Heimat böte. So wie es jüdische Künstler in ihren Darstellungen Jerusalems wie in Vilna zum Ausdruck brachten. Womöglich mag auch die geflohene Familie in Manchester Heimweh nach diesem ideellen Land, dem Israel ihrer Imagination, gehabt haben. Wie ich weiß, hatte sie aber vor allem bitteres Heimweh nach ihrem Westfalen, das ihnen ebenfalls unerreichbare Heimat werden sollte.

Viele jüdische Familien nahmen Ende des 15. Jahrhunderts, als sie von den Christen von der iberischen Halbinsel, ihrer jahrhundertelangen Heimat, vertrieben wurden, die Schlüssel zu ihren spanischen und portugiesischen Häusern mit und vererbten sie an ihre Nachkommen in der Hoffnung, einst zurückkehren zu können. Solches in Schlüsseln haptisch erfahrbar gewordenes Heimweh fand sich noch Generationen später im Besitz jüdischer Familien zum Beispiel auf dem Balkan.

Ich habe kein Heimweh nach dem Westfalen meiner Eltern. Und je mehr ich über Heimweh nach einem ideellen Land nachdenke, desto stärker entzieht es sich mir. Ich begreife es nur manches Mal in der Synagoge oder im Gebet für einen Moment.

Der Rabbiner meiner Jugendjahre fragte einst eine Gruppe jüdischer Heranwachsender in der Synagoge, ob sie mit dem Finger dorthin deuten könnten, wo Israel, unsere geistige Heimstätte, sei. Einige in unserem Halbkreis zeigten wild wechselnd in allerlei Himmelsrichtungen. Ich war spitzfindig und zeigte in die Richtung des Torahschreins, wissend, dass er stets an der Ostseite der Synagoge steht, damit der G'ttesdienst und die Gebete gen Osten, gen Israel, Jerusalem, Zion verrichtet werden. Mein Rabbiner schmunzelte und sagte: »Ja, dort ist auch Israel. Aber unsere Heimat ist viel näher.« Da machte er mit ausgestrecktem Zeigefinger langsam einen Halbkreis in der Luft, um dann mit der ganzen Hand und dabei leicht gespreizten Fingern auf den Boden zu zeigen, auf dem wir gesessen hatten. »Israel ist auch hier«, sagte er, »der Boden einer jeden Synagoge ist auch der Boden Israels. Der Boden unserer Heimat. Ihr sitzt darauf.«

Denn in der Synagoge kommen Jüdinnen und Juden zum G'ttesdienst zusammen und wissen dabei die Schechinah, die Gegenwart G'ttes, in ihrer Mitte. Deshalb gab es bereits Synagogen, lange bevor der Tempel in Jerusalem zerstört wurde und die Diaspora begann, weil Juden in anderen Teilen der damaligen Welt auch außerhalb Israels G'tt nah sein wollten und dank Vorvater Ja'akov wussten, dass G'tt ihnen überall hin folgen würde. So schuf zuerst der Glaube an ihn die Gemeinschaft und den Ort der Gemeinschaft, an dem zwischen den Gläubigen Heimat gefunden und empfunden wurde und noch heute erlebt werden kann.

Ja'akov erhält im Wochenabschnitt Wajigasch die Zusicherung von G'tt, dass dieser nicht von seiner Seite weichen werde. Ja'akov kann also seine Heimat aufgeben, aber nicht seinen G'tt. Das sollte eine existenzielle und wegweisende Entscheidung für all seine Nachkommen und die Lesenden dieses Narrativs werden. Eben jene Entscheidung musste vom jüdischen Volk derart immer wieder getroffen werden. G'tt kommt vor der Heimat. Denn dieser stiftet neue Heimat, auch wenn sie bloß in den Wänden von Synagogen oder den eigenen vier Wänden verortet werden kann.

In Antwerpen haben die chassidischen Juden aus Fäden und Drähten an hohen Masten einen sogenannten Eruv gespannt, eine Art Zaun oder eher Umrahmung (symbolisch und physisch zugleich) von einem Gebiet, das zu einem einzigen jüdischen Haus oder vielmehr einem Zuhause erklärt wird. So können fromme Juden am Schabbat in diesem Gebiet tragen, was andernfalls in und von der Öffentlichkeit verboten wäre. Aus einem Viertel einzelner Häuser wird mit ein wenig Schnur und einem transformativen Segensspruch ein Heim für alle geschaffen, ein heimatlicher Mikrokosmos in wenigen Straßenzügen.

Mit einem Eruv erklärt man viele Häuser zu einem Zuhause. Aber keines dieser Häuser wäre nach jüdischer Tradition wiederum für sich genommen ein jüdisches Zuhause, würde nicht jedes an seinem Türpfosten eine Mesusah tragen. Die Pflicht der Mesusah ist wesentlich älter als jene des Eruvs. Sie findet schon in der Torah Erwähnung und auf diesem Wege sogar im Schma Jisrael, dem jüdischen Glaubensbekenntnis. Bringt man eine Mesusah an, ist das in etwa der gegenläufige Akt zum Errichten einer Laubhütte an Sukkot, von der jeder weiß, dass sie – fragil und vergänglich, wie sie ist – nur eine Woche und einen Tag bestehen bleibt. Eine Mesusah aber wird fest angebracht am Türrahmen. Sie ist zum Bleiben und Bestehen gedacht.

Und genau daran lege ich mein eigenes diffuses Gefühl von Heimat, das in mir verschwimmt mit dem Empfinden von Zuhausesein. Das Gefühl oder der Gedanke an ein jüdisches Nachhause wird von Gebet und Liturgie geweckt und genährt und besteht neben der Gewissheit, dass für mich eine ideale Heimat wie für alle jüdischen Generationen zuvor unerreichbar bleiben wird. Das mag wohl nur der Maschiach am Ende aller Tage vollbringen. Das Gefühl von Heimat will sich bei mir nach den vielen überall und seit Jahrhunderten und nunmehr Jahrtausenden enttäuscht auf- und abgebauten Laubhütten nur noch auf das eigene private Zuhause beschränken oder auf die vertraute Synagoge, das vertraute jüdische Gemeindezentrum.

»Und hast du dann nie Heimweh?«, fragte mich vor zwei Jahren im westfälischen Münster eine Grundschülerin in der Sukkah der jüdischen Gemeinde. »Doch«, versicherte ich ihr. »Ich weiß nur nicht, wonach.«

Robert Misik

Woher kommst Du?

Heimat zwischen politischer Aufladung und gefühligem Selbstverständnis

Seit Monaten sind die Feuilletons mit dem Problem der Heimat befasst. Heimat ist ganz anscheinend etwas, was man niemals hat, aber umso leichter verliert, mal, indem man weggeht, mal, indem man nicht weggeht. Mal verlässt man sie, mal verlässt sie einen. Zu den vielen Entfremdungserfahrungen der Moderne zählt offenbar, dass man dort fremd ist, wo man hingeht, sich aber genauso leicht daheim fremd fühlt.

Rechtsextreme Parteien charakterisieren sich selbst als »Heimatpartei«, weshalb gerne auch betont wird, es brauche, gleichsam als Konter, einen »progressiven Heimatbegriff«, oder, wie gelegentlich gefordert wird: *Die Linken müssen den Heimatbegriff zurückerobern.* So ist etwa zu lesen, die Sozialdemokratie müsse all jenen, »die Schutz und Zugehörigkeit suchen, ein Identitätsangebot machen«[1]. Eine Art »Identitätspolitik«, aber diesmal nicht für Minderheiten im Geiste einer Akzeptanz von Differenz, sondern für Mehrheiten im Geiste eines großen »Wir«.

Neue Heimat, großes Dach, mit Platz für jeden drunter – und windfesten Außenmauern am besten gleich dazu.

Wie immer, wenn ein Thema auf den Debattenseiten, von Büchern, von Talkshows zugleich behandelt wird, liegt die Annahme nahe, dass es sich nicht eigentlich um ein lebenskulturelles oder kulturhistorisches Thema handelt (wie man beim Heimatthema ja annehmen könnte), sondern um ein höchst politisches, ja ideologisches. Soll heißen: Es geht eben nicht um »Heimat« oder das, was der Einzelne damit verbindet, sondern um irgendeinen politischen Kampf, der sich an den Heimatbegriff andockt. Kurzum: Es geht irgendwie um das, worüber geredet wird, aber irgendwie auch um etwas ganz anderes. Um Macht etwa, um Deutungshoheit, um Anerkennungskonflikte oder einfach um Links-rechts-Auseinandersetzungen innerhalb von Gesellschaften als Ganzes, aber gelegentlich auch innerhalb von Subgruppen (etwa innerhalb der Sozialdemokratie oder innerhalb der Grünen oder ...).

Ganz besonders auffallend ist, dass meist vom »Begriff Heimat« die Rede ist, der zurückerobert werden soll, nicht von »der Heimat«. Das scheinen offenbar massiv unterschiedliche Dinge zu sein, die »Heimat« und der »Begriff Heimat«. Man hat geradezu den Eindruck, dass es weniger um die Heimat ginge als um den Begriff von ihr.

Das Eigentümliche an Heimat ist die deutliche Dissonanz zwischen Begriff und Gefühl.

Versuchen wir also fürs Erste einmal, den Begriff Heimat und die Heimat auseinanderzuhalten, und beginnen wir bei der Heimat und nicht beim Begriff.

Was Heimat ist

Heimat ist zunächst noch am ehesten das, wo ich mich vertraut fühle. Eine Gegend, ein Viertel. Geborgenheit gehört vielleicht dazu. Für mich als Städter ist es selten eine ganze Stadt, sondern eher ein Viertel. Es müssen freilich nicht unbedingt die Viertel sein, in denen ich aktuell wohne. Die sind zwar faktisch meine Heimat, aber es fällt mir manchmal gar nicht auf. Auffälliger ist es, wenn ich in die Viertel zurückkomme, in denen ich früher einmal gewohnt habe oder die mir aus verschiedenen anderen Gründen vertraut sind. Da kommen dann womöglich Heimatgefühle auf, die ich meiner aktuellen Heimat gegenüber gar nicht habe. Vielleicht liegt das aber auch nur daran, dass es in meinem Viertel an den Eigenschaften mangelt, die man für Heimat braucht, also Begegnungsorte der Bewohner, dass man sich trifft beim Spazierengehen, dass es keine Cafés und keinen Markt gibt. Oder daran, dass ich in meiner »Heimat« eben wohne, sie für mich Alltag ist, sie mir also nicht fehlt.

Womit wir dann bei einer weiteren nicht unwesentlichen Kategorie wären – neben Heimat und Begriff Heimat –, nämlich dem Heimatgefühl. Für die allermeisten Menschen ist das etwas sehr Subjektives, fast Intimes. Zärtliches. Heimatgefühle habe ich, beispielsweise, gegenüber dem Viertel an der Alten Donau, wo ich als Kind gewohnt habe und wo meine Großmutter wohnte, diesem Eck zwischen Hoßplatz, Wasserpark, Freytaggasse. Das Birnerbrückerl, mit den Schwänen drunter. Aber auch gegenüber ein paar Straßenzügen in Berlin, vor allem am Prenzlauer Berg, wo ich ab 1991 ein paar Jahre wohnte, als Twentysomething. Das kaputte, holprige Bürgersteigpflaster in der Lychener Straße. Der Kohlegeruch über der Stadt. Der Torpedokäfer, in dem wir alle damals abhingen. Die Freunde um den Kneipentisch, mit Whiskygläsern, um knapp vor drei Uhr nachts.

Ja, das sind meine Heimaten. Andere haben andere Heimaten. Andere Straßenzüge. Oder Kleinstädte. Oder das Dorf, aus dem sie kommen.

Nun gibt es allerdings eine Einschränkung: Es macht einen Unterschied, ob man Heimat primär mit positiven oder in erheblichem Maße mit negativen Erinnerungen verbindet. Ein Punkmädchen aus einem sächsischen Dorf, für das jeder Gang zum Bahnhof ein Spießrutenlauf durch Nazi-Gangs war, und die dann irgendwann diese Gegend hinter sich gelassen hat und nach Berlin umzog, wird andere Heimatgefühle haben als ich gegenüber Floridsdorf. Heimat ist dann nicht unbedingt ein Sehnsuchtsort. Heimat ist dann das, wo man froh ist, gesund weggekommen zu sein. Zur Heimat gehört schon dazu, dass man sich wenigstens im Nachhinein einreden kann, dass es da idyllisch war.

Damit sind wir bei einer Eigentümlichkeit von Heimatgefühlen: Sie haben viel mit Erinnerungen zu tun. Auch mit Gerüchen, die einen dann an Situationen, Orte, Vertrautheiten erinnern. Man denke nur an die legendäre Episode aus Marcel Prousts *Auf der Suche nach der verlorenen Zeit*, in der es heißt: »Ebenso ist es mit unserer Vergangenheit. Vergebens versuchen wir sie wieder heraufzubeschwören, unser Geist bemüht sich umsonst. Sie verbirgt sich außerhalb seines Machtbereichs und unerkennbar für ihn in irgendeinem stofflichen Gegenstand (oder der Empfindung, die dieser Gegenstand in uns weckt); in welchem, ahnen wir nicht. Ob wir diesem Gegenstand aber vor unserem Tode begegnen oder nie auf ihn stoßen, hängt einzig vom Zufall ab. Viele Jahre lang hatte von Combray außer dem, was der Schauplatz und das Drama meines Zubettgehens war, nichts für mich existiert, als meine Mutter an einem Wintertage, an dem ich durchfroren nach Hause kam, mir vorschlug, ich solle entgegen meiner Gewohnheit eine Tasse Tee zu mir nehmen. Ich lehnte erst ab, besann mich dann aber, ich weiß nicht warum, eines anderen. Sie ließ darauf eines jener dicken ovalen Sandtörtchen holen, die man ›Madeleine‹ nennt und die aussehen, als habe man als Form dafür die gefächerte Schale einer St.-Jakobs-Muschel benutzt. Gleich darauf führte ich, bedrückt durch den trüben Tag und die Aussicht auf den traurigen folgenden, einen Löffel Tee mit dem aufgeweichten kleinen Stück Madeleine darin an die Lippen. In der Sekunde nun, als dieser mit dem Kuchengeschmack gemischte Schluck Tee meinen Gaumen berührte, zuckte ich zusammen und war wie gebannt durch etwas Ungewöhnliches, das sich in mir vollzog. Ein unerhörtes Glücksgefühl, das ganz für sich allein bestand und dessen Grund mir unbekannt blieb, hatte mich durchströmt … Und dann mit einem Male war die Erinnerung da. Der Geschmack war der jener Madeleine, die mir am Sonntagmorgen in Combray (weil ich an diesem Tage vor dem Hochamt nicht aus dem Hause ging) sobald ich ihr in ihrem Zimmer guten Morgen sagte, meine Tante Léonie anbot, nachdem sie sie in ihren schwarzen oder Lindenblütentee getaucht hatte.«[2]

Was wir mit Heimat meinen, ist also sehr oft eher eine Zeit als ein Ort. Zeit, die vergangen ist, verbunden mit einem Ort. Manchmal, im besten Fall, eine Mischung aus Vergangenheit und Gegenwart, aus Erinnerung und Aktualität und ein paar Häuserecken und Straßenzügen. Vertrautheiten. Ein paar bekannte Gesichter.

Sie ist nie nur reine Gegenwart, aber nie auch nur reine Vergangenheit, außer in der total verlorenen Heimat. Sie zerrinnt einem gewissermaßen zwischen den Fingern. Wenn man sie als Kind belebt, ist sie nicht Heimat, weil die Erinnerung fehlt, erinnert man sich ihr, ist man kein Kind mehr. »Die konkrete Heimat des Kindes ist keine heile Welt, aber nichts repräsentiert heile Welt so sehr wie sie«, schreibt der Philosoph Christoph Türke. Und: »Erst nachträglich, als verspieltes, verlorenes, ist das Paradies Paradies.«³

Manche Menschen sind sesshaft in dem Sinn, dass sie ihre vertraute Umgebung eher nicht so gerne verlassen, andere bewegen sich gerne weg vom Vertrauten, egal, was gerade das Vertraute ist. Leaving home! Don't look back.

»Heimat umfasst Orte, die vertraut sind … (die) Annahme, dass Heimat vor allem Gutes umfasse, trifft nicht zu«, formuliert Susanne Beyer im *Spiegel*.⁴

Noch im persönlichsten Heimatgefühl schwingen das Nostalgische und der Verlust mit: die Erinnerung an einen Ort, der sich verändert hat, der möglicherweise völlig seinen Charakter verändert hat, so sehr, dass er in gewisser Weise verschwunden ist. Über den die Zeit hinweggegangen ist.

Aber selbst wenn der Ort völlig unverändert wäre: Wir wären es nicht. Gerade weil Heimatgefühl Vertrautheit und Dauer voraussetzt, sind zumindest wir die Veränderten, über die die Zeit hinweggegangen ist. Wenn wir Nostalgie nach einem Ort haben, haben wir meist auch eine gegenüber dem Kind, das wir waren. Vielleicht nach der Naivität, die wir früher hatten, oder dem energetischen Beginnergefühl der Jugend oder der Radikalität der Pubertät. Nach der Unbeschriebenheit. Oder der Beschütztheit durch die Eltern. Die Geschwister. Jeder etwas anderes.

Wir sind immer noch bei dem, was Heimat ist, bei den vielen unterschiedlichen individuellen Gefühlen gegenüber Orten, Ecken, Erinnerungen. Noch nicht beim Begriff der Heimat selbst. Aber schon sind wir auf eine Eigentümlichkeit gestoßen: Heimat hat immer ein Element des Verschwundenen, Verlorenen, Untergegangenen. Etwas, was war, aber nicht mehr ist, steckt ganz elementar in diesen Emotionen drinnen, die wir mit Heimatgefühlen beschreiben.

Ein anderes Element von Heimatgefühlen ist Vertrautheit, ist Zugehörigkeit. Die Zugehörigkeit zu einer Gruppe etwa. Die Heimat, die eigentlich keinen Ort braucht. Die Zugehörigkeit zu einem Verein, einer Bewegung. Jugendliche brechen aus ihren Familienverbänden aus, aber nicht, um alle Bindungen zu zersetzen, sondern um neue Bindungen herzustellen – in der Clique etwa oder in der Jugendgruppe. Fluidere Heimaten. Entbindung und neue Bindung, Befreiung und Unterwerfung, unter die Konventionen der neuen Gruppe beispielsweise, gehen da Hand in Hand. Insofern gab es immer in der Geschichte natürlich progressive Heimaten, die Sozialdemokratie mit ihrem Vereinswesen, ihrem Netz aus Wohnviertelorganisation, Gewerkschaftsorganisation im Betrieb, mit ihren Freizeitunternehmungen, das Leben im Gemeindebau, sie war insofern eine große Heimatproduktionsmaschine, indem sie Zugehörigkeiten, Vertrautheiten und Sicherheiten produzierte. Heimat hat man das eher nicht genannt, obwohl sie es natürlich war für viele: Heimat Sozialdemokratie. Aber auch kommunistische Parteien konnten das gut und andere progressive Bewegungen. Man hätte das nie »Heimat« genannt, solange es intakt war. Erst als es porös wurde, zwischen den Fingern zerrann, als ein wenig Nostalgie aufkam, gegenüber der versunkenen Zeit, konnte man die damit verbundene Heimatdimension erkennen.

Die Frage ist nun: Wie soll man Heimat zurückerobern? Etwas, zu dem die Versunkenheit elementar dazugehört? Das Unwiederbringliche wiederbringen? Die Zeit zurückdrehen? Die Dauer sistieren, die erst die Erfahrungen ermöglichte, die in die Heimatgefühle eingehen?

Heimat als Ideologie

Wenden wir uns nun dem Heimatbegriff als solchem zu. Es ist ja ganz offensichtlich, dass nicht alle Heimaten, wie wir sie oben beschrieben haben, durch den Heimatbegriff völlig gedeckt sind. Die Straßenzüge in der Metropole, die Gewerkschaftsjugend – ja, sie können Heimaten sein, man kann sie auch Heimaten nennen, aber das Bild, das der Begriff »Heimat« evoziert, ist ein anderes. Eher Dorf als Stadt, eher Natur als Metropole. Wenn wir Heimatlieder sagen, dann meinen wir nicht unbedingt den Ethnorap, den sie in den Kaschemmen auf der Ottakringer Straße oder in Berlin Kreuzberg singen, und auch nicht die Arbeiterlieder. Sondern eher das Trachtenjanker-und-Lederhosen-Geschunkel. Wienerlieder, die mindestens 100 Jahre alt sind, gehen vielleicht gerade noch durch. Unter einem Heimatfilm hat man auch eine ziemlich klare Vorstellung.

Etymologisch war Heimat ursprünglich ein emotional belangloser juristischer Begriff, nämlich dafür, in welcher Gemeinde man beheimatet war – denn im 19. Jahrhundert blieb man Bürger oder Bürgerin der Gemeinde, in der man geboren war. Man konnte jederzeit in sie ausgewiesen werden. Und das geschah auch, etwa im Ausnahmezustand. Da schaffte man rebellische Geister aus der Hauptstadt heraus, indem man sie in ihre »Heimat« deportierte und ein Betretungsverbot für die Hauptstadt verhängte, egal wie lange der Delinquent dort gelebt hat. In China macht man das auch heute noch so. Erst langsam wurde aus dem juristischen Begriff ein emotional besetztes Konzept – dann aber sofort auch ein polemischer Begriff. Die Heimat trat als Begriff erst auf, als man sie gegen etwas stellte. Die Medienwissenschaftlerin Alena Dausacker hat das so formuliert. »Während der industriellen Revolution wurde der Begriff Heimat an Natur gekoppelt, vor allem an die Berge, die mit ihrer Weite und klaren Luft die Antithese zur engen, dampfmaschinenschmutzigen Stadt waren.«[5] Echtheit der rustikalen Welt gegen die Künstlichkeit der Stadt mit ihren neuen modernen Ideen, den räudigen Straßenzügen, ihren Vergnügungen, ihrem moralischen Verfall.

Das Konzept der Heimat kommt erst mit dem Gefühl einer Verlusterfahrung in die Welt. Eine Heimat, die einfach da ist, braucht ja nicht sonderlich problematisiert zu werden – das wird sie erst, wenn Menschen das Gefühl haben, irgendetwas könnte verloren gehen. Im Heimatbegriff steckt daher von Beginn an drin: das Hergebrachte gegen das Neue, die

Tradition gegen die Moderne, das Dorf gegen die Stadt, das Eigene gegen das Fremde, das Reine gegen das Vermischte.

Dann kam aber noch etwas hinzu, und wenn man es recht überlegt, etwas vollkommen Verrücktes: der Heimatbegriff, der ja, wenn er irgendeinen Sinn ergeben soll, an einen konkret erfahrbaren Raum gekoppelt ist, wurde mit der Nation verbunden. Völlig absurd eigentlich, anzunehmen, dass für den Nordseemenschen die Alpen Heimat sein sollen (Dausacker). Nur mehr grotesk ist es, ein BUNDES-Ministerium als HEIMAT-Ministerium zu verstehen. Das ist einfach lächerlich. Das geht nicht einmal in kleinen Ländern wie Österreich wirklich auf: Für einen Wiener ist Vorarlberg nicht Heimat und umgekehrt. Die Ecken, gegenüber denen ein Ostfriese Heimatgefühle hegt, haben mit Landstrichen in Bayern wenig gemeinsam.

*Zurück*erobern kann man den Begriff der Heimat schon allein daher nicht, weil er nie ein progressiver Begriff war. Aber vielleicht kann man ihn mit zusätzlichen Bedeutungen aufladen, das Konzept Heimat mit mehr vom Subjektiven, Intimen von Heimat versehen. Heimat als all das, was Nahwelt ist. Dann ist der Begriff zwar nicht »erobert«, dann ist er eher umkämpft im Sinne von: Es sind verschiedene Bedeutungen im Umlauf. Eine, die auf die Abgrenzung setzt und modernitätskritisch ist, die alte Heimattümelei, und eine andere, die die Gefühle von Sicherheit und Geborgenheit in konkreten Orten betont. Womöglich muss als Erstes erkämpft werden, was als Heimat gewissermaßen zugelassen ist: Stadtviertel, nicht nur Dorf. Kulturraum, nicht nur Natur. Mehr reale Heimaten als kostümierte Fake-Heimaten, zu denen Gabalier und Co. den Soundtrack liefern.

Als politisches Konzept ist der »Begriff Heimat« toxisch, woraus natürlich auch nicht unbedingt folgt, dass man unter allen Umständen auf ihn verzichten soll. In Wahlkämpfen kann man schon auch belastete Worte benützen, wenn man denkt, man könne damit kurzfristig ein paar Punkte machen, während für die langfristige Verschiebung von hegemonialen Grundhaltungen einfach die Zeit fehlt. All das kann man machen. Man sollte nur verstehen, was man gerade tut. Und die

Dinge auseinanderhalten. Und versuchen, sich dabei nicht selbst zu überdribbeln.

Heimatverlust durch beschleunigten Wandel

Die Heimatdebatte ist eine ideologische, politische Auseinandersetzung, bei der es, wie gesagt, nicht um die realen Heimatgefühle geht, die der Einzelne hegt. Aber es kommt noch eines hinzu: Nichtgesagtes ist mit gemeint. Es geht um Dinge, die nicht immer ausgesprochen werden. Da ist zunächst einmal die Frage des gesellschaftlichen Wandels. Heimaten verändern sich, und das führt dazu, dass sich Einzelne zu Hause nicht mehr daheim fühlen – wir haben das gesehen, dieses Gefühl begleitet den Heimatbegriff seit seinem Aufkommen. Aber dahinter steht im Grunde die implizite Behauptung, dass dieser Wandel nicht nur geschieht, sondern dass er *zu schnell geschieht*. Dass er in einer Rasanz vor sich geht, dass viele Menschen Schwierigkeiten haben, mitzukommen. Aber auch das ist nur eine sehr unpräzise Formulierung. Im Grunde schwingt noch eine weitere Behauptung mit: dass er in eine Richtung geht, die falsch ist. Oder dass er in eine Richtung geht, die von vielen Menschen als falsch empfunden wird (möglicherweise, weil diese Menschen irgendwie rückständig oder nicht adaptionsfähig sind), weshalb man diese Menschen mit irgendwelchen Tricks bei der Stange halten muss, damit ihre Frustration nicht zu arg wird – beispielsweise mit Heimatgelaber.

Die Heimatdebatte fügt sich in die heute gern geführten Diskurse über Identitätspolitik, über eine »neoliberal gewordene Linke« ein, die nicht mehr die Arbeiterklasse vertritt, sondern eine urbane Mittelschichtslinke geworden sei. Gerne ist bei diesem Gerede auch von den »Kosmopoliten« versus »Kommunitaristen« die Rede, eine Rede, die auch gerne von Leuten geführt wird, die sich als Fürsprecher der »einfachen Leute« sehen (warum sie dann immer mit Begriffen wie »Kosmopoliten« oder »Kommunitarismus« herumwerfen, die die einfachen Leute fix nicht verstehen, weiß ich auch nicht). Die Thesen, die da aufgestellt werden, sind, wie das oft der Fall ist, nicht ganz falsch und auch nicht ganz richtig.

Die Geschichte, in groben Zügen erzählt, geht so: Globalisierung, technologischer und gesellschaftlicher Wandel haben im Westen Gewinner und Verlierer. Zu den Gewinnern zählen neben der globalisierten Superklasse – den absoluten Gewinnern, dem berühmten einen Prozent – auch die urbanen Mittelschichten. Diese urbanisierten Mittelschichten zählen zu einem erheblichen Teil auch zu einkommensstarken Milieus (wenngleich das natürlich nicht für alle gilt, prekär lebende Designer, Journalisten oder auch Jungakademiker an Universitäten haben verglichen mit früheren Kohorten eher Einkommenseinbußen), aber sie gehören ganz sicher in lebenskultureller Hinsicht, in Lifestylefragen zu den Gewinnern. Sie profitieren von den Möglichkeiten, die die Globalisierung bietet, ihre Werte von Liberalität und Weltoffenheit, von »leben und leben lassen« haben sich als die dominanten Werte durchgesetzt, in Sachen Prestige und Status erfahren sie Wertschätzung. Sie können sich, selbst mit beschränktem Kontostand, als Gewinner fühlen.

Ganz anders ist das mit den unteren Mittelschichten und der ehemaligen Arbeiterklasse. Diese sind ökonomisch unter Druck geraten: Ihre Einkommen stagnieren, sie sind internationaler Konkurrenz ausgesetzt, die sie negativ betrifft und von deren positiven Möglichkeiten sie wenig profitieren (so jedenfalls die Behauptung, die nicht falsch ist, aber natürlich auch nicht für jeden und jede zutrifft, denn bei einem Facharbeiter in der Maschinenbauindustrie ist schon fraglich, ob diese Behauptung akkurat ist). Sie stehen ökonomisch unter Druck, haben aber auch in sonstiger Hinsicht einen Statusverlust erfahren. Lebenskulturell sind diese Milieus konventionell bis konservativ, und sie müssen die Erfahrung machen, dass ihre Werte nicht mehr als zentral angesehen werden. Gerade die ökonomisch bedrängteren Teile dieser Milieus leben etwa in Stadtvierteln, die im Abstieg begriffen sind. Die Netzwerke der Arbeiterkultur, die früher diese Lebenswelten strukturiert haben, sind zerrissen oder einfach verschwunden, und es gibt auch keine kompakte

Arbeiterklassenideologie mehr, die früher eine Quelle des Stolzes für diese Bevölkerungsteile gewesen war, sondern nur mehr Ideologiereste wie etwa die Arbeitsethik und eine Ethik des Haptischen. Die Politik, besonders die Parteien, die diese Leute früher vertraten, habe sie vergessen, so die Behauptung. Die Menschen sind auf sich alleine gestellt, erleben so etwas wie Entsolidarisierung, die Ideologie des Geldes kolonisiert auch ihre Lebenswelten, sie haben wenig, woran sie sich halten können, und fühlen sich als Gebeutelte von Veränderungen, die sie nicht kontrollieren können. Diese Gruppen empfinden einen »Heimatverlust« in vielfacher Hinsicht. Im Grunde haben sie sogar aufgehört, als Klasse zu existieren, denn erst die Idee der Klasse hielt ja ganz unterschiedliche Milieus, Personen- und Beschäftigungstypen zusammen. Sie haben gewissermaßen die Idee verloren, wer sie sein könnten – kann man sich einen größeren Heimatverlust vorstellen?

Dieser Diagnose, die eine Oben-unten-Differenz nicht nur als wachsende ökonomische Spaltung, sondern auch als kulturelle Spreizung beschreibt, in deren Zuge eben bestimmte Lebensstile als »zeitgenössisch« und »modern«, andere als »konventionell« und »gestrig« beschrieben werden, gesellt sich gerne auch noch eine zweite Diagnose hinzu: nämlich, dass diese Spreizung auch noch mit einer zunehmenden Stadt-Land-Spaltung einhergeht. Die Gewinner der Globalisierung sitzen zunehmend in den Städten, und hier vor allem in den Metropolen, und die Verlierer in den Kleinstädten, auf dem Land, in der Peripherie. Die Jobs sind rar, und wer Elan hat, zieht weg. Wer bleibt, ist frustriert. Das Volk ist hier auf dem absteigenden Ast, das Establishment in den Metropolen am aufsteigenden. »Der Untergang der westlichen Mittelschicht ist das große schmutzige Geheimnis der Globalisierung«, sagt der französische Geograf Christophe Guilluy, Autor von Studien mit Titeln wie *Fractures françaises* oder *La France périphérique*.[6] Und dieses Volk wird zur Plebs erklärt, abgestempelt: als »uninformiert, unaufgeklärt, irrational und im Grenzfall moralisch verwerflich«.[7]

Wir können also zusammenfassen, was da so alles als Heimatverlust erlebt wird (oder angeblich erlebt wird): ökonomische Krise in den Vorstädten, die Abgehängtheit mancher Kleinstädte und des flachen Landes, die Abwertung kultureller Werte von eher konventionellen Milieus und der Zerfall proletarischer Lebenswelten.

Wenn nun bekundet wird, dass diese Bevölkerungsteile einen Heimatverlust erleben, dem mit einem »progressiven Heimatbegriff« begegnet werden soll, stellt sich zuallererst einmal die Frage: Wie soll das klappen? Wenn materieller und symbolischer Statusverlust, daraus folgende Zukunftsängste, zunehmender ökonomischer Stress und vielleicht sogar Verfall der Infrastruktur reale Probleme sind, wieso sollte man diese dann bekämpfen können, indem man nett über heimatliche Idylle spricht, Dirndl trägt und Heimatlieder singt?

Die Sache ist aber noch einmal komplizierter. Diese verschiedenen Lebenswelten, die in dieser Debatte immer viel zu grob über einen Kamm geschoren werden (denn es wird so getan, als wären der Rentner aus Marzahn, der Automobilarbeiter in Stuttgart und der Kleingewerbetreibende aus Görlitz Teil eines Milieus), verbindet doch, auch wenn sie sonst nichts eint: Es sind Kulturen, die zugleich liebenswert, aber auch beengend sein können. Generationen leicht (oder mehr) rebellischer Jugendlicher sind aus diesen Milieus immer ausgebrochen – und aus durchaus verständlichen Gründen. Heimat ist das, womit sie fremdelten, sobald sie in die Pubertät kamen. Diese Kohorten, die ihre Viertel und deren Nachbarschaften hinter sich ließen, bilden heute jene »urbanen Mittelschichten«, die (angeblich) kulturell dominant sind und damit zur Abwertung der symbolischen Dominanz der konventionellen Milieus beigetragen haben. Manche haben sich ihrem Herkommen sehr entfremdet, waren froh, weg zu sein, haben vielleicht sogar auf ihre Herkunftsmilieus herabgeblickt oder womöglich Scham für diese empfunden (und vielleicht auch Scham über diese Scham). Und diese Gruppen, die aus guten Gründen aus der Enge ihrer Heimaten ausbrachen, sollen jetzt »den Heimatbegriff« wieder hochhalten? Aus schlechtem Gewissen womöglich?

All das sind jedenfalls Sachverhalte, die die verkomplizierende Eigenart haben, dass an ihnen mehrerlei wahr ist, das heißt, dass Wahrheiten wahr sind, die sich widersprechen: Ja, konventionelle Milieus, diejenigen, die sich vielleicht als »die ganz normalen Leute« empfinden, werden abgewertet und fühlen sich vielleicht auch an den Rand der Gesellschaft gedrängt – und das ist schlecht so. Aber zugleich ist der Ausbruch aus diesen Milieus für viele Leute aus guten Gründen erfolgt, und diese guten Gründe sollen hinterher auch nicht mit einem klebrigen Heimatbegriff zugekleistert werden.

Der Elefant im Raum: Migration

Zuletzt gibt es dann aber auch noch eine andere Sache, die andauernd verdruckst verschwiegen wird, wenn vom Heimatverlust die Rede ist – die rasanten Veränderungen von Lebenswelten durch Migration. Natürlich gehört das, machen wir uns nichts vor, zur Diagnose des Heimatverlustes dazu. Wer vor 40 oder 50 Jahren in einem Stadtviertel aufgewachsen ist – egal in welchem –, hat das Gefühl, dass es seither markant seinen Charakter verändert hat. Dass hier Leute leben, die nicht nur zugezogen sind, und die sich nicht einfach in die Lebenskultur des Viertels integriert haben, sondern dieses selbst verändert haben. Man muss oft nicht einmal ausgeprägt ausländerfeindlich sein, um etwa so zu empfinden: *Diese Veränderung ist so stark, ich kenne meinen Stadtbezirk nicht mehr; ich fühle mich hier nicht mehr zu Hause.* Nachbarn sind auf ganz andere Weise »unvertraut« wenn sie etwa nicht die gleiche Sprache sprechen, wenn es eine ganz selbstverständliche Segregation gibt, etwa im Einkaufsverhalten (die »autochthone Bevölkerung« geht zum angestammten Bäcker, die zugewanderte zum türkischen Laden etc.). Und es macht natürlich einen ganz erheblichen Unterschied, ob solche Veränderungen in angesagten, hippen Stadtvierteln stattfinden (beziehungsweise ob die hippen Stadtviertel das Ergebnis dieser Veränderung sind) oder ob es in den billigen, schäbigen Quartieren geschieht, wo diese Veränderungen auch als Abstieg erlebt werden. Es gibt Menschen, die diese Veränderungen gut finden – und es gibt Menschen, die auf diese Veränderungen mit aggressiver Ablehnung reagieren. Dazwischen gibt es aber viele Graustufen von Leuten, die etwa diese Veränderungen schon okay finden, im Allgemeinen nicht störend, aber vielleicht in ihrem Ausmaß irritierend. Leute, die die Migranten als »anständige Leute« erleben, aber einen Teil der Migranten (junge Männer beispielsweise), als etwas sehr raumgreifend. Leute, die vielleicht in etwa so empfinden: »Viele Ausländer in meiner Straße sind wirklich gute Leute, und ich bin auch dafür, dass alle Menschen gleiche Chancen haben – aber natürlich sollen wir, die wir immer schon hier leben, als Erste drankommen. Ich fühle mich doch fremd im eigenen Land. Früher haben wir das Gefühl gehabt, wir wären die Mitte der Gesellschaft, aber langsam fühlen wir uns, als wären wir am Rand. Und wir dürfen nicht einmal sagen, dass uns das stört, denn dann wird uns gesagt, wir wären Rassisten. Nicht nur, dass niemand auf uns hört, man verbietet uns sogar das Wort. Es wäre schon ganz gut, wenn es wieder ein bisschen mehr so wäre, wie es vor 30 oder 40 Jahren war. Und ›die‹ interessiert das gar nicht. ›Die‹ lassen alle diese Ausländer rein. ›Die‹ hören gar nicht auf uns.«[8]

Es ist ja nicht so, dass Leute, die so sprechen, völlig unrecht haben. Nur wird es verdammt schwer werden, deren Verletzungserfahrungen mit einem »neuen Heimatbegriff« zu bekämpfen, zumal diese mit anderen Verletzungserfahrungen in Konkurrenz stehen.

Denn Heimat ist auch der Ort, an dem manche Leute gesagt bekommen, dass sie nicht dazugehören – und das sind die Migranten, und sehr oft auch die Kinder der Migranten. Die hören von Kindesbeinen an, dass sie doch eigentlich nicht von hier seien. Dass sie fremd seien, und das auch bleiben werden, bekommen sie zu spüren. Insofern sie auf irgendeine Weise erkennbar »fremd« sind – sei es durch Haarfarbe, Gesichtsteint oder weil sie Can oder Cigdem heißen statt Kevin oder Katharina –, hören sie meist ab dem Kindergarten, sie seien doch »nicht wirklich von hier«. Kaum sind sie vier oder fünf Jahre alt, werden sie von den Spielkameraden aufgefordert, nächstens bitte einmal einen Pass mitzubringen (passiert echt!), und später dann in der Volksschule hören sie von der Lehrerin, diese könne doch einem Ausländermädchen »keine Eins in Deutsch geben, aber eine Zwei ist doch auch eine schöne Note« (passiert auch echt!). Man kann verstehen, dass damit Verletzungsgeschichten verbunden sind.

Für diese Bevölkerungsgruppen ist ihre Heimat von ganz anderer Art. Wenn sie die Frage gestellt bekommen: »Woher kommst du?«, stellen sich ihnen sofort die Nackenhaare auf, mag die Frage auch völlig unschuldig geäußert werden. Denn sie hören Hunderte Male im Leben: »Woher kommst du wirklich?«, eine Frage, die sie in ihrem Fremdheitsgefühl jedes Mal aufs Neue einsperrt. *Eure Heimat ist unser Albtraum*, so der Titel eines Essaybandes, in dem unlängst deutschsprachige Autoren und Autorinnen mit Migrationsgeschichte auf die hierzulande wabernde »Heimat-Debatte« reagierten.[9] Denn das, was die einen als Heimat verklären, ist für sie das Land, in dem sie zwar geboren sind, aber in dem man ihnen von Beginn an zu verstehen gegeben hat, dass sie sich hinten anstellen müssen. Wo man sie Tschusch oder Kanake geschimpft hat.

Aber auch diese Geschichte ist komplizierter, als man beim ersten groben Blick meinen mag. Denn wie die »autochthone« Bevölkerung ist natürlich auch die migrantische Bevölkerung nicht homogen. Viele Migranten sind gefangen in Chancenarmut, schlechten Bildungskarrieren, miesen Jobs, kapseln sich ab in Parallelwelten. Wieder andere tun das keineswegs, sie schaffen auch Bildungskarrieren, den Aufstieg in die Mitte der Gesellschaft. Von denen wiederum haben viele eine Abwehr gegen eine Totalintegration. Warum sollten sie sich Traditionen aneignen, die nicht die ihrigen sind? Wieder andere tragen lustige Namen und tanzen zugleich gerne beim Zeltfest und tragen Lederhosen und Tracht.

Es gibt eben längst auch hier verschiedene Kulturen: Die jugoslawischstämmige, postmoderne Linke mit Philosophiedoktorat, die den »Integrationsbegriff« genauso dekonstruiert wie das Konzept Heimat, und den türkischstämmigen Bankkaufmann im Trachtenjanker, der mit ein bisschen Augenzwinkern beim Heimatabend mitmacht.

In Österreich konnte man das unlängst in den Social Media erleben. Nachdem eine Landtagsabgeordnete der rechtsextremen Freiheitlichen Partei im steirischen Parlament gegenüber einer Abgeordnetenkollegin mit Migrationshintergrund schimpfte, »sie lasse sich das Dirndl auch von einer Jugoslawin nicht nehmen«, gab es eine #GibTrachtChallenge auf Facebook, in deren Zuge Hunderte Mehmets, Mohammeds und Nevins in Dirndl, Lederjacke oder Trachtenbluse posierten. Botschaft: Wir gehören hier nicht nur dazu, sondern wir eignen uns auch durchaus die Kostümierungen hiesiger Heimatlichkeit an.

Aber all das zeigt, worum es bei dem Heimatgerede eben auch geht – wenn nicht sogar in erster Linie: Um die Frage, wer hier dazugehört, ob irgendjemand vorgeht oder Vorrechte haben soll, nur weil er oder seine Vorfahren schon länger hier leben, ob Veränderung okay oder nicht so okay ist.

Aber all das hat mit Heimat eigentlich wenig zu tun. Mit meiner Heimat, jenen Orten, denen gegenüber ich eine zärtliche Erinnerung habe. Mit den Gerüchen, die für mich Heimat sind. Mit den Menschenschlägen, die heute im Grunde ausgestorben sind. Mit dem Fremdwerden des Eigenen, und dem Aneignen des Fremden. Mit den Figuren, den lokalen Originalen. Mit dem Fernsehprogramm, das heute natürlich kaum jemand ansehen würde, so grässlich war es meist.

Heimat ist alles Mögliche, nur das nicht, was bei der Heimatdebatte diskutiert wird.

Das, was für den Einzelnen und die Einzelne ihre je private, intime Heimat ist, wofür sie Heimatgefühle hegen, ist nur beschränkt politisierbar. Der Heimatbegriff dagegen ist massiv politisiert und hat mit den konkreten, kleinteiligen Heimaten meist nicht sehr viel zu tun.

Anmerkungen

1 Marc Saxer: »Linke Heimat. Wie die Progressiven den Begriff Heimat für sich besetzen sollten«, in: *Internationale Politik und Gesellschaft*, 05.03.2018.

2 Marcel Proust: *Auf der Suche nach der verlorenen Zeit*. 10 Bde. Frankfurt am Main 1979, Bd. 1, S. 63–67.

3 Christoph Türke: *Heimat. Eine Rehabilitierung*. Springe 2006, zitiert nach: Klaus Nüchtern: »Wo gejodelt wird, fallen Späne«, in: *Der Falter*, 28/2018.

4 Susanne Beyer: »Freiheit für die Heimat«, in: *Spiegel* 10/2018.

5 Alena Dausacker: https://twitter.com/geistesgift/status/961900340256927744

6 Christophe Guilluy: *Fractures françaises*. Paris 2010; ders.: *La France périphérique: Comment on a sacrifié les classes populaires*. Paris 2014.

7 Romain Leick: »Die da draußen gegen die da drinnen«, in: *Spiegel*, 28.12.2018.

8 Alle zusammenmontierten Zitate aus: Justin Gest: *The New Minority. White Working Class Politics in an Age of Immigration and Inequality*. Oxford 2016.

9 Fatma Aydemir, Hengameh Yaghoobifarah (Hrsg.): *Eure Heimat ist unser Albtraum*. Berlin 2019.

Armin Nassehi
Woher kommst Du nicht?
Sieben Exkursionen in eine Soziologie der Heimat

Nein, ich will nicht wissen, was Heimat wirklich *ist* – dies ist kein Servicetext, in dem nun endlich geklärt wird, was denn die Heimat sei und wie man darüber zu sprechen habe. Es ist auch kein Bekenntnistext – weder für ein bestimmtes Heimatverständnis noch für die Einsicht, dass solch ein Begriff anachronistisch, nicht mehr zeitgemäß oder womöglich politisch verdächtig sei. Zu diesen Fragen sind die Gazetten allzu voll. Zunächst ist es ein Datum, dass der Begriff wieder da ist. Er muss also einen Nerv treffen, eine Frage beantworten oder eine bestimmte Funktion übernehmen. Selbst die Abgrenzung gegen einen Begriff ist bereits eine subtile Form der Anerkennung, sonst lohnte sich die Mühe der Abgrenzung nicht.

Mich interessiert, warum und warum ausgerechnet jetzt die Frage nach der Heimat und der Gebrauch des Begriffs so attraktiv scheint – so attraktiv, dass wir sogar ein *Kursbuch* dazu machen. Ich werde diese Frage in sieben Motiven/Fragen abhandeln.

Erstens:
Was ist der Gegenbegriff zu »Heimat«?

Zunächst kann man historisch wissen, dass eine stark emotionalisierte Semantik der Heimat erst dort entsteht, wo sie letztlich verloren ist, zumindest als alternativlose Form der Zugehörigkeit. Die Begriffsgeschichte zeigt das recht deutlich.[1] Der Heimatbegriff meinte vorerst nichts anderes als den Ort der Herkunft, in der Amtssprache dann später den Wohnort einer Person. Heimatrecht war ein Teil des Aufenthaltsrechts, das von konkreten Orten bis zum Staatsbürgerschaftsrecht reicht. Dieser Heimatbegriff hatte eine, wenn man so will, *realistische* Komponente. Er bezeichnete Realien im Sinne räumlicher und sozialer Zugehörigkeiten, aus denen Gewohnheitsrechte und bürgerliche Rechte erwuchsen und die letztlich auf eine wenig mobile Gesellschaft bezogen waren. Doch schon hier musste das Heimatliche letztlich erst dann geregelt werden, als es zum Ortswechsel kam, beziehungsweise wenn Entscheidungen darüber getroffen werden mussten, wer zugehörig war und wer nicht.

Der Gegenbegriff zur Heimat war dann, so merkwürdig das klingt, eine andere Heimat. Jeder Mensch hatte eine Heimat – und das bedeutete zunächst relativ wenig. Keine Heimat zu haben, war letztlich keine Option – es war eher so etwas wie eine Ortlosigkeit, ein Verlust von Bezügen. Wer keine Heimat hatte, wusste nicht, wo er hingehört – nach dem Zweiten Weltkrieg, der eine gigantische Entheimatungsmaschinerie in jeglicher Hinsicht war, nannte man diese Leute *displaced persons*, Ortlose gewissermaßen.

Keine Heimat (mehr) zu haben, war dann eine Anomalie in bürokratisch-politischen Klassifikationssystemen. Der Gegenbegriff zu »Heimat« scheint also die Ortlosigkeit zu sein – oder besser: Einen Gegenbegriff braucht man dann, wenn sich die Frage der Heimat nicht von selbst beantwortet. Wenn sie sich freilich von selbst beantwortet, dann muss die Frage nicht gestellt werden, woraus folgt, dass die Frage nach der Heimat ihren Verlust bereits impliziert hat. Die Unterscheidung wäre also *placement/displacement* – in einer Welt, in der *displacement* zum Normalfall wird. Aber dazu später mehr.

Zweitens:
Die Emotionalisierung der Heimat

Eine emotionale Aufladung erhielt der Heimatbegriff erst dort, wo Formen der Zugehörigkeit abstrakter formuliert werden mussten. Um es auf eine Formel zu bringen: je abstrakter und größer die Bezugsgröße des Heimatlichen, desto emotionalisierter die Begründung. Es gibt hier eine gewisse Parallele zum Begriff des Volkes und der Nation. Vor der Politisierung des Volksbegriffs meinte dieser tatsächlich die Abstammungsgemeinschaft von *ethné* und *gentes*, die in den vormodernen Reichen kulturell und sprachlich definierte Räume bezeichnet haben, die als spezifische Gruppen in multiethnischen Herrschaftsräumen aufgingen – dies galt ebenso für das Römische Reich und seine Expansion nach Norden wie für dessen Nachfolger bis zum Ende des Heiligen Römischen Reichs Deutscher Nation, das ein multiethnischer Herrschaftsverband war, dessen Integrationsfaktor weniger homogene Bevölkerungen als die Loyalitätspflichten der jeweiligen Herrscherschichten untereinander, vor allem aber einer herrschenden Spitze gegenüber waren. Eine konkrete Heimat hatte hier fast jeder, darüber zu reden war aber kaum nötig. Schön lässt sich das an kulturellen Formen beobachten, in denen etwa reisende Handwerker in Versen und Liedern die Heimat vor allem deshalb beschworen haben, weil sie sich von ihr fernhalten mussten.

War die Heimat zunächst an konkrete Nahräume gebunden, hat sie sich erst mit der Entstehung des Nationsgedankens auf Großkollektive übertragen. Findet man bei Herder noch die Idee des Volkes als eine Art kollektiver Persönlichkeit, deren plurale Formen alle gleich nah zu Gott waren, also kosmopolitisch auf Augenhöhe, legte Fichte schon den Grund für die Idee der völkischen Suprematie des deutschen Volkstums als eine abstrakte, nun sogar welt- und heilsgeschichtlich relevante Heimat, die sich nicht mehr am Nahraum eingespielter Praxen nährte, sondern an der Ideologisierung einer abstrakten Zugehörigkeitsform, die die kleinräumlich-praktischen Bedingungen der Zugehörigkeit gegen die Zugehörigkeit zu einem Großkollektiv austauschte.

Erst hier wurde das Volk zur Nation und die Nation zur Heimat, was gerade im deutschen Fall gleichzeitig in Konkurrenz zu landsmannschaftlichen Kategorien geriet und vielleicht gerade deshalb einen besonderen semantischen Überschuss erzeugt hat. Und hier ist die Quelle jener Ambivalenz des Heimatbegriffs grundgelegt, weil sie auf die gerade im deutschen Sprachraum so explosive Kombination aus völkischer und nationaler Zugehörigkeit verweist. Davon hat sich der Heimatbegriff im Deutschen nie erholt, wie ja auch das Verhältnis des ethnischen Volkes und der politischen Nation im deutschen Sprachraum erheblich länger ungeklärt blieb als in der anglophonen und frankophonen Welt.[2] Kann man damit den Heimatbegriff beerdigen? Ist er historisch diskreditiert oder wenigstens als erledigt anzusehen?

In jedem Fall gilt das für einen stark emotionalisierten Heimatbegriff, der sich an der Idee ethnisch homogener Großkollektive orientiert. Aber sicher nicht für das Bezugsproblem, das damit angesprochen ist. Womöglich stellt es sich in einer globalisierten, beschleunigten, räumlich entgrenzten Moderne noch schärfer als zuvor. Denn sieht man auf die gegenwärtigen öffentlichen Konflikte, kehrt die Frage nach der Zugehörigkeit auf die Agenda zurück.

Drittens:
Das Bezugsproblem von »Heimat«

Wenn es stimmt, dass der Begriff Heimat dann auftaucht, wenn Zugehörigkeiten sich nicht mehr von selbst ergeben, dann kann das geradezu als eine Parabel auf die Moderne selbst angesehen werden. Es gehört zum Grundarsenal der kulturkritischen Kritik der Moderne, deren Verlust von klaren Zugehörigkeiten und ihre Entwurzelung zu beklagen. Diese Form der Kulturkritik beklagt vor allem den Verlust quasi natürlicher Formen der Zugehörigkeit. Es ist Kritik am Liberalismus der Moderne, daran, dass die Menschen danach beurteilt werden, was sie sagen und leisten, nicht danach, was sie eigentlich sind. Es ist die Klage über den Verlust einer als natürlich angesehenen Ordnung der Zugehörigkeit – sowohl im Hinblick auf die äußeren Grenzen als auch im Hinblick auf innere Grenzen, auf Schichten, Milieus, Formen der Ungleichheit, der Geschlechter, der Landsmannschaften, der Berufe, der Konfessionen usw. Diese Kulturkritik ist sowohl unangemessen wie auch mit einem wahren Kern versehen. Sie ist unangemessen, weil sie nicht in Rechnung stellt, dass die als naturwüchsig oder sogar natürlich gedachten Zugehörigkeiten einer Gesellschaft entstammen, die zwar keineswegs immobil war, bei der aber der Mensch selbst stets in geradezu unaufhaltbaren Zugehörigkeiten sich bewegt hat. Der wahre Kern besteht darin, dass das in modernen Gesellschaften nicht mehr vorgesehen ist und sogar der Gesellschaftsstruktur zu widersprechen scheint.[3]

In modernen Gesellschaften ist der einzelne Mensch gleichzeitig in eine Vielzahl von Rollen eingebunden – es gibt kein einzelnes Merkmal, das den Menschen in der Moderne ganz ausmacht. Niemand ist nur Mann oder Frau, nur Familienmitglied oder Arbeitnehmer, nur politische Existenz oder Gläubiger, nur Rechtssubjekt oder Mediennutzer, sondern all das mehr oder weniger unkoordiniert gleichzeitig. Deshalb müssen moderne Leben aktiv geführt werden und deshalb bleibt der Mensch irgendwie unbestimmt. Man kann nicht mehr von wenigen oder gar einem Merkmal auf alles andere schließen und auch nicht klar sagen, wer alternativlos wohin gehört. Man wird von einer eindeutigen Existenz zu einer stochastischen Existenz, heißt: Selbstverständlich gibt es Regelmäßigkeiten und sehr unterschiedlich und vor allem nicht zufällig verteilte Möglichkeiten für die Menschen, aber das kann man nicht mehr mit klaren und deutlichen Notwendigkeiten ausdrücken, sondern eben nur in Form von Wahrscheinlichkeiten. Und selbst innerhalb der Möglichkeiten ist die Variationsmöglichkeit sehr groß.

Genau dies ist das Bezugsproblem dessen, was auch mit dem Heimatbegriff bearbeitet wird, nämlich Orte zu imaginieren, die genau genommen gar nicht da sind: übertriebene landsmannschaftliche Differenzen, Lokalkolorit bis ins Folkloristische, nationale Zugehörigkeitsformen, die

Imagination einer Vergangenheit, die so nie existiert hat, usw. Das jedenfalls ist das Bezugsproblem von Heimatdiskursen – bis heute.

Viertens:
Lücken und Lückenfüller

Der Heimatdiskurs stößt in eine Lücke, nämlich in die, die eine moderne Gesellschaft lässt. Diese Lücke ist der Ort, den die moderne Gesellschaft mit ihrer hohen Dynamik und mit ihren mobilen Lebensformen, mit ihrem Veränderungsdruck und der unkoordinierten Form urbanisierter Lebensformen nicht füllen kann – und will. Es ist einen genauen Gedanken wert, dass es zwei gegenläufige Reaktionen auf diese Lücke gibt – eine eher universalistische und eine eher partikularistische. Die partikularistische Reaktion ist die, die der Heimatdiskurs anbietet. Heimat setzt am Konkreten an, an der konkreten Herkunft, die meine ist und nicht deine. Die ganze Welt könnte erst als Heimat stilisiert werden, wenn man sie gegen extraterrestrische Zivilisationen abgrenzen könnte.

Die universalistische Reaktion sieht auf den ersten Blick völlig anders aus. Man kann die Menschenrechte, die Idee der Menschenwürde, die Idee der Subjektivität – allesamt universalistische Semantiken der Aufklärung – auch als Reaktionen darauf verstehen, dass der Mensch in der modernen Gesellschaft unterbestimmt bleibt, weil sich die Leben nicht mehr gleichen, auch weil die Formen der Ungleichheit und die Frage der Gerechtigkeit erheblich komplizierter geworden sind als in früheren Sozialformen. Wenn der Mensch keinen konkreten Ort mehr hat, muss man ihm einen zuweisen und ihn auf sein Menschsein festlegen – eine solche Idee brauchten frühere Gesellschaften nicht. Erst die Moderne muss diese Lücke füllen – und widerspruchsfrei füllen kann sie sie nur, wenn sie die Menschen bei offenkundiger Ungleichheit in unterschiedlichsten Dimensionen als Gleiche behandelt. »Heimat« füllt die Lücke also ungleich – die Heimat hier schließt sie dort aus –, die Idee des Menschen und seiner unveräußerlichen Rechte schließt sie gleich. In dieser Spannung diskutieren wir die Frage der Zugehörigkeit, die immer auch eine Frage der Nichtzugehörigkeit ist – schon aus begriffslogischen Gründen.

Fünftens:
Lebenslagen

So etwas wie »Lebenslagen« gibt es erst in modernen Gesellschaften, also erst dort, wo es keine kompakten, in diesem Sinne ganzheitlichen Orte mehr für den einzelnen Menschen gibt. Die moderne Gesellschaft entlastet sich davon, stabile Zugehörigkeiten zu etablieren, um entsprechend flexibel sein zu können. Die Moderne ist anstrengend, volatil, unkalkulierbar, unkoordiniert, komplex. Sie ist letztlich utopisch, weil sie nur Ortlosigkeiten anbietet. Sie muss Lebenslagen erzeugen, die die Kontinuität des je individuellen Lebens erst ermöglichen. Sie muss Erwartungssicherheit gewissermaßen künstlich herstellen – etwa durch institutionelle Arrangements in Form von langfristigen Arbeitsplätzen, einem langfristig angelegten System der Daseinsvorsorge oder zur Kalkulierbarkeit von Lebensverläufen in Familienzyklen, Erwerbsbiografien und milieugestützten, freizeittauglichen Zugehörigkeiten in Vereinen, im Sport, in Kirchengemeinden oder auch kommerziellen Freizeitaktivitäten, nicht zu vergessen die Zugehörigkeiten in politisch weltanschaulichen Organisationen wie politischen Parteien, Gewerkschaften etc. oder auch die Anhängerschaft zum Fußballverein.

Man sollte dieses einfache, gewöhnliche, kalkulierbare, vor allem mit einem Zeitindex versehene Institutionenarrangement nicht unterschätzen. Die Orte, denen man sich zugehörig fühlt und in denen man »lebt«, sind so gebaut, und sie erzeugen Milieus, die tatsächlich die Funktionsstelle von »Heimat« übernehmen. Sie sind nicht an kulturelle Differenz, nicht an große Erzählungen, nicht einmal an Ausschlusskategorien gebunden, sondern sie stabilisieren sich durch eine bewährte Praxis. Genau genommen sind sie eher die Orte, denen man entstammt, als die abstrakten Großkollektive wie die Nation oder sonstige Kulturräume. Sie sind übrigens ziemlich aufnahmefähig. Der Hinweis darauf, dass man in einer modernen Gesellschaft kaum Milieus ganz ohne sogenannte Migrationshintergründe findet, ist darauf gemünzt. Man muss nur die Milieus und ihre Diversität heute mit denen vor einer Generation vergleichen – und es gibt auch eine erhebliche Diversität ohne Migrationshintergrund. Die Formen der Zugehörigkeit bewähren sich praktisch – und sie sind darauf angewiesen, dass man praktische Formen findet. Diese sind je nach Ort durchaus unterschiedlich: in einem oberbayerischen Dorf anders als in einem großstädtischen Brennpunkt, in einer bürgerlichen Vorstadt anders als im hippen Multikulti-Stadtviertel usw. Und die Konflikte sind auch unterschiedlich. Streiten sich die Kreuzberger oder Neuköllner in Berlin über Folgen religiöser oder kultureller Inkompatibilitäten etwa in Schulen, wird der typische Konflikt in München-Bogenhausen oder Grünwald eher über die Breite der Garagenauffahrt des Nachbarn vor Gericht geführt. Dass dies Stereotype und womöglich Vorurteile sind, ist nur die eine Seite – die andere ist, dass sich die Differenz exakt so darstellt.

Gesellschaftliche Krisen sind zumeist Krisen, die die Kalkulierbarkeit solcher Praxisräume infrage stellen. Wo man an die Kontinuität solcher Arrangements nicht mehr glaubt, wo die eigenen Vorurteile nicht mehr angemessen bestätigt werden, wo der Überraschungsdruck zu groß wird (in manchen Milieus auch zu klein), wo die alltäglichen Reparaturstrategien, mit Unerwartetem umzugehen, nicht wirken, wo die Frage der Zugehörigkeit explizit gestellt werden muss, dockt der Heimatdiskurs an. Hier ist der systematische Ort, der erklären kann, warum gerade heute über die Heimat nachgedacht wird – so lange nach ihrem Verschwinden.

Sechstens:
Zugehörigkeitsposen

Heimat ist eine Ersatzhandlung. Wofür, dürfte inzwischen klar sein: für jene Lücke, die entsteht, wenn eine Gesellschaft ihr Personal nicht mehr eindeutig zuordnen kann und man sich dann darauf einen Reim machen muss. Vielleicht ist es hilfreich, das zu berücksichtigen, wenn man anfängt, nun nach einem angemessenen Heimatbegriff zu suchen oder ihn von seinen altmodischen Konnotationen zu befreien sucht. Das Erstaunliche ist nämlich, dass sein Bezugsproblem alles andere als altmodisch ist, sondern in das Zentrum der Modernität moderner Gesellschaften zielt: etwas benennen zu müssen, was es gar nicht gibt, das aber gerade dadurch, dass es sich nicht von selbst ergibt, mit besonderer semantischer Energie ausgestattet werden muss. Für die konkrete soziale Zugehörigkeit in stabilen sozialen Gruppen ist die Moderne nicht gemacht – und überfordert dabei womöglich sich selbst und ihr Personal. Deshalb sind interessanterweise fast alle stabilen Gruppenzugehörigkeiten und ihre Konstruktionen moderner Natur: das Geschlecht im Sinne konkreter Geschlechtscharaktere, die Rasse im Sinne des unter anderem wissenschaftlich erfundenen Rassismus, die Nation als politisch, manchmal ethnisch begründete Zugehörigkeitskategorie, ungleiche Milieus in einer auf Gleichheitsversprechen getrimmten Gesellschaft und eben auch: die zumeist regional codierte Form der Heimat, deren empirische Ausprägung von der kleinräumigen Zugehörigkeit bis zum christlichen Abendland reichen kann.

Die Konjunktur des Heimatbegriffs ist darauf zurückzuführen, dass die Lücke, um die es geht, die Lücke zwischen gesellschaftlicher Volatilität und der Erzählbarkeit des konkreten Lebens, als klaffend empfunden wird. Dass die Konjunktur des Heimatbegriffs tatsächlich mit dieser allgemeinen Diagnose zusammengedacht werden kann, lässt sich auch daran ablesen, dass ganz Unterschiedliches damit beschrieben wird: von der exkludierenden Form der Heimat als Ausschlussbegriff bis hin zu dem Versuch, diversifizierte, multikulturelle Heimaten zu beschreiben.

Vielleicht ist in diesem Kontext auch das zu verstehen, was heute unter dem Begriff der »Identitätspolitik« verhandelt wird. Es geht hier immer mehr um die Fragen von Zugehörigkeiten und entsprechenden Posen. Gerade die identitätspolitischen Kämpfe um Zugehörigkeiten nehmen immer mehr die Form von Posen an – und gerieren sich oft als Protest gegen die Verhältnisse. Das liegt insofern nahe, als der Heimatdiskurs tatsächlich gegen das Amorphe der Gesellschaft und ihre Unbeeindruckbarkeit protestiert. Er protestiert von rechts gegen Diversität und gegen die Infragestellung angeblich naturgegebener Zugehörigkeitsformen. Er protestiert von links gegen den Zweifel an Zugehörigkeitsrechten. Und er protestiert in Form und im Namen partikularer Gruppenbildungen, zumeist im Hinblick auf Marginalisierung und Diskriminierungspotenziale vom Geschlecht über das sexuelle Begehren bis hin zur Emanzipation vor allem fremder Ethnizität. Es kehren hier im Namen des Universalistischen partikularistische Identifikationen zurück – ein Problem, das in linken Emanzipationsbewegungen durchaus auch im Sinne einer Kritik am Liberalismus lange diskutiert wurde. Es geht hier um Zugehörigkeitsposen. Nicht umsonst nehmen derzeitige Konflikte die Form von Kulturkämpfen an, in denen es nicht zuletzt um Zugehörigkeiten geht.

Ich habe schon an anderer Stelle die These entwickelt, dass sich Protest mit dem Ende dessen, was man »1968« genannt hat, eher in eine popkulturelle Pose verwandelt hat. Ich habe das mit Diedrich Diederichsens Pop-Theorie zu begründen versucht.[4] Für Diedrich Diederichsen hat Pop »als kleinste Einheit weder den Song noch die kulturindustriellen und zuweilen auch künstlerisch geprägten und intendierten Produkt-Einheiten (Album, CD, Live-Show), sondern die immaterielle und mobile, vor allem performativ zu verstehende Einheit Pose«, in der sich eine »Haltung« manifestiert.[5] Die Pose erzeugt zweierlei: Sie kommt mit wenig Komplexität aus, das heißt, sie ist einerseits nicht auf Erklärungen, Konzepte und Begründungen angewiesen, andererseits erzeugt sie eine Form der Zugehörigkeit, weil sie auf radikale Gegenwart setzt und vor allem ästhetisch überzeugen muss.

So ähnlich funktioniert tatsächlich die derzeit stärkste Form serieller Protestbewegungen, nämlich die *Fridays for Future*-Bewegung. Hier gibt es für Jugendliche ziemlich niedrige Zugangsbarrieren, die Inhalte sind vor allem emotionalisierbar und kommen mit einer starken Pose daher: In geradezu eschatologischem Ton wird die Zukunft der Menschheit infrage gestellt. Der relativ kleine Regelbruch, nämlich das Schulschwänzen, gibt der Pose noch einen besonderen Drive, am Ende aber ist es vor allem ein symbolischer Protest, der letztlich wie eine popkulturelle Form aussieht, die von der Pose lebt und mit ihrer Symbolfigur in Gestalt von Greta Thunberg eine Ikone erzeugt, die in ihrer medial vermittelten Ernsthaftigkeit als Identifikationsfolie dienen kann.

Um nicht falsch verstanden zu werden: Es geht nicht um eine Delegitimierung dieser Proteste, im Gegenteil. Sie sprechen ein Thema an, an dem sich die Komplexität und Ortlosigkeit der Gesellschaft geradezu radikal zeigt, denn die Frage, wie sich eine komplexe Gesellschaft auf dieses Problem einstellt, ist ungeklärter denn je – und ich habe den Eindruck, dass dieser Protest eine Ahnung davon hat. Und gerade deshalb scheint diese Form der niedrigschwelligen Protestbeteiligung fast so etwas wie eine Heimatfunktion auszuüben. Die Protestpose erzeugt einen Ort, der einfacher ist als das Problem – genau wie das, was »Heimat« stets leisten muss. Es heißt nur nicht so.

Siebtens:
Woher kommst du? Eigentlich!

Diese Frage hat die öffentlichen Debatten in den letzten Monaten mitbestimmt. Natürlich nervt es, das gefragt zu werden, denn die Frage impliziert immer die Möglichkeit, dass der Fragende Zweifel daran hat, dass man hierher gehört. Das trotzige #vonhier ist die naheliegende Reaktion. Aber die Frage ist durchaus eine interessante Frage, wenn sie reflexiv würde, wenn also der Fragende selbst sich die Frage auch stellen müsste. Und dann wird es tatsächlich schwierig, die Frage zu beantworten. Diejenigen, die Anlass zu der Frage bieten – ein markanter Name, eine dunklere Hautfarbe oder ein religiöses Erkennungszeichen –, haben es genau genommen leichter, weil sie letztlich auf die Lücke verweisen können, die immer mehr Leute heute bereitwillig füllen. Denn das ist ja das Merkwürdige, dass es tatsächlich fast nur in den akademisch gebildeten urbanen Milieus, wenn man so will: für den idealen *Kursbuch*-Leser und die ideale *Kursbuch*-Leserin, eine merkwürdige Frage ist. Für alle anderen ist es eine Frage, die sich inzwischen klar beantworten lässt. Die Leute gewöhnen sich daran, eine Heimat zu haben und das auch sagen zu können.

Ein Schlüsselerlebnis dazu hatte ich vor wenigen Wochen. Als ich gemeinsam mit einer Kollegin ein kultursoziologisches Hauptseminar begann, haben wir in der ersten Sitzung die jungen Leute ein Brainstorming zum Kulturbegriff machen lassen. Und es war wirklich frappierend: Sie wussten natürlich, dass man in diesem Milieu nicht so ganz ungeschützt über die eigene Kultur oder über die Herkunft redet. Es war irgendwie ein wenig verdruckst, weil sie dann doch haben durchscheinen lassen, dass sie es gerne hätten, wenn sie die Frage beantworten könnten. Franzosen oder Italienern, so die einhellige Meinung, wäre das viel leichter möglich. Man selbst traue sich nicht so richtig, würde aber gerne.

Die Lücke, die die Gesellschaft lässt, scheint groß zu sein. Sie lässt sich aber nicht schließen – ich finde, das sollten wir nicht bedauern.

Anmerkungen

1 Vgl. Michael Neumayer: *Heimat. Zur Geschichte und Begriff eines Phänomens.* Kiel 1992.

2 Vgl. Celia Applegate: *A Nation of Provincials. The German Idea of Heimat.* Berkeley, Los Angeles, Oxford 1990.

3 Vgl. dazu Armin Nassehi: »Die empirische Heimatlosigkeit der Moderne. Skizze einer Leerstelle«, in: Ulrich Hemel, Jürgen Manemann (Hrsg.): *Heimat finden – Heimat erfinden.* München 2017, S. 47–60.

4 Vgl. Armin Nassehi: *Gab es 1968? Eine Spurensuche.* Hamburg 2018, S. 186 ff.

5 Diedrich Diederichsen: *Über Pop-Musik.* Köln 2014, S. XXVIII.

Jürgen Dollase
Schweinshaxe im 3-Sterne-Restaurant
Über das Verschwinden der »Heimatküchen«

Kann man »Heimat« und Kulinarisches wirklich so einfach zusammen-
bringen, wie dies in letzter Zeit von den Medien und populären TV-
Köchen immer wieder getan wird? Haben wir wirklich alle die gleichen
prägenden Kindheitserinnerungen an die gleichen Knödel oder Klopse?
Und – was ist, wenn Pizza, Pasta und Hamburger die kulinarische Sozialisation geprägt haben? Hier ein Blick auf ein Thema voller hochinte-
ressanter Komplexität.

Das Szenario: Von der Regionalküche zur Heimatküche

Die Begriffe »Heimat« oder »Heimatküche« wurden im kulinarischen
Bereich lange Zeit eher selten oder gar nicht bemüht. Die Tatsache, dass
die Küchen in den verschiedenen deutschen Landesteilen, vom Labskaus
im Norden bis zur Schweinshaxe mit Knödel und Sauerkraut im Süden,
sehr unterschiedliche Gerichte hervorgebracht haben, führte erst einmal
zu einer gewissen Distanz und einer sachlich-deskriptiven Neutralität der
Begriffe. Der frühe Blick »von außen« im Band *Die Küche in Deutschland* aus der berühmten *Time-Life*-Serie von 1969/1970 nähert sich dem
Land mit einer Art kulinarisch-ethnologischem Interesse, und das Buch
enthält Kapitel wie »Alte und neue Formen der Geselligkeit«, »Eine
Küche mit alter Tradition« oder »Fünf Mahlzeiten am Tag«.[1] Danach unterteilt man das Land in den »Norden«, einen »mittleren Gürtel« und den
»Süden«. In *Unvergessene Küche* von 1979 geht es um die »schönsten Rezepte aus den deutschen Landschaften«.[2] Am Ende sind es 470 Rezepte

aus 18 Regionen, verbunden mit dem Hinweis der *Essen & Trinken*-Redaktion, man sei in den »langwierigen Vorarbeiten auf keine vergleichbare Darstellung der Vielfalt deutscher landsmannschaftlicher Küchen gestoßen«.[3] Wenig später erschien *Aus Deutschlands Küchen. Überlieferte Rezepte aus 17 Regionen.*[4] Das Thema ist also die Küche der Regionen, die Regionalküche. So auch bei den *Kulinarischen Streifzügen* durch sechs Regionen von 1982, oder den *Kulinarischen Freuden der herzhaften Landküche* aus dem Jahre 1996, in dem Nord- und Süddeutschland parallel zu europäischen Regionen wie Elsass, Toskana oder Andalusien vorgestellt werden.[5] Im Laufe der Jahre wurden die Veröffentlichungen zur Küche deutscher Regionen immer zahlreicher und immer detaillierter, wie etwa der Band *Norddeutsche Küche. Rezepte, Bräuche und Geschichten im Jahreslauf* aus dem Jahr 2006.[6] Heute sind für quasi jede deutsche Region eine ganze Reihe von Rezeptsammlungen verfügbar – mehr oder weniger umfangreich durch weitere Informationen zur Kultur der jeweiligen Region ergänzt. Allen diesen Büchern ist gemeinsam, dass sie sich weitgehend mit typischen Rezepten befassen.

Die Konnotation von traditioneller und/oder regionaler Küche mit psychologischen Aspekten (im weitesten Sinne), die etwas mit dem Esser und weniger mit dem Essen selber zu tun haben, ist als weitverbreitete Erscheinung schwierig zu datieren. Sie hat aber eine Menge mit Trends in der Entwicklung der Küche wie mit gesamtgesellschaftlichen Trends zu tun (siehe dazu auch die Entwicklungen rund um das *Landlust*-Magazin seit 2009 und die enormen Folgen dieser »Landliebe-Bewegung«). Um zu Begriffen wie »Heimat«, »Heimatküche«, »Heimwehküche« und kulinarischer »Heimatliebe« zu kommen, werden unterschiedliche Zusammenhänge benutzt, wobei die konkreten Rezepte oft ihren ursprünglichen Regionen »entfremdet« und die populärsten zu einer Art emotional aufgeladener, deutscher Küche zusammengefasst werden.

Bei Birgit Hamm und Linn Schmidt ist davon die Rede, dass »jeder von uns […] sein eigenes Heimweh-Essen« hat, »ein ganz bestimmtes Gericht, das die unbeschwerten Momente der Kindheit wieder lebendig werden lässt« und auch andere Erinnerungen.[7] Die Autorinnen kamen auf die Idee, die »eigenen Lieblings-Heimwehrezepte und die von Freunden zu sammeln«. So etwas könnte dann im Prinzip auch regional unspezifisch sein und müsste nicht unbedingt ausschließlich durch traditionelle Gerichte gefüllt werden. Es könnte also auch Pizza, Pasta und Hamburger und die nächste Imbissstube betreffen, weil es eben heute schon ganze Generationen gibt, die damit und nicht mit Schweinsbraten aufgewachsen sind. In Jörg Steinleitners Buch *Heimat auf dem Teller* aus dem Jahre 2012 geht es um die Küche im »Pschorr« auf dem Münchner Viktualienmarkt.[8] Hier wird Heimat vor allem zu einem kulinarisch identifizierbaren Rahmen. Beim Untertitel *Heimische Produzenten – Ehrliche Produkte – Schmackhafte Rezepte* wird das Überschaubare sozusagen kulinarisch-moralisch angereichert. Im Gegensatz dazu scheint es auch »unehrliche Produkte« zu geben und das »Schmackhafte« eine Folge der Ehrlichkeit zu sein. Solche und ähnliche Zusammenhänge spielen in den letzten Jahren eine zunehmende Rolle. Eine besondere Bedeutung hat im Jahre 2014 Tim Mälzer mit seinem Buch *Heimat* bekommen – und das in verschiedener Hinsicht.[9] Im Prinzip geht es auch bei ihm um ähnliche Aspekte wie in Steinleitners Schrift. Nur – während es dort vor allem um ein bestimmtes Restaurant, seine Lieferanten und seine Küche geht, ist Mälzer ein berühmter Fernsehkoch und unter anderem dafür bekannt, dass er gerne früh und schnell auf Trends aufsattelt oder Kooperationen sucht, die seiner Karriere nützlich sind. Im Jahr 2010 etwa zog es ihn zu einer Zusammenarbeit mit Deutschlands Kochlegende Eckart Witzigmann für das Kochbuch *Mälzer & Witzigmann: Zwei Köche ein Buch*, durch das vermittelt werden sollte, dass Mälzer auch ein guter Koch ist.[10] Im Jahre 2012 war er einer der ersten aus der aktuellen Riege bekannter TV-Köche, die in *Greenbox* den Trend zu mehr Gemüse etc. aufnahmen.[11] In *Heimat* heißt es: »Das auf der Zunge muss für mich immer auch das Herz berühren, und das gelingt natürlich gerade mit der Küche der Heimat, der Küche der Kindheit.« Und: »Heimat, habe ich gelernt, ist Nähe – und Neuland. Es macht Spaß selbst loszugehen und sich die Heimat neu zu erschmecken.«[12] In der Praxis geht es bei ihm dann wieder eher um Regionales –

wenn auch in einem weiteren Sinne, weil hinter allen Regionen sozusagen die Großregion Deutschland steckt und Mälzer »Heimat« nicht nur auf sich und seine Prägung bezieht. Zu seinen Bemühungen um die »Heimatküche« passt auch sein zweites »Heimat«-Kochbuch aus dem Jahre 2018 und ein Restaurantkonzept namens »Hausmann's«.[13]

Auch die Redaktion des ARD-Bufetts bemüht die Heimatküche – allerdings in einer handwerklich gesteigerten Form von bekannten Köchen wie Vincent Klink, Otto Koch, Karlheinz Hauser und Michael Kempf etc. realisiert. Im Vorwort mit der Überschrift »Schmeckt nach Heimat« heißt es: »Heimat, die man essen kann: Die kann man überall mit hinnehmen. Das macht sie so wertvoll. Muttis Pfannkuchen, Omas Kartoffelsalat, Papas Schnitzel – sind immer die besten, die wir jemals gegessen haben. Sie sind Glück, Trost, Geborgenheit, ein lebenslanger Nachhall unserer Kindheit. Und genau deshalb erleben die Rezepte der guten deutschen Heimatküche in den letzten Jahren eine wunderbare Renaissance.«[14] Dieser mit unklaren, wertenden und prämissiven Begriffen aufgeladene Text wird im weiteren Verlauf noch eine Rolle spielen. Ein aktuelles Buch des ebenfalls prominenten TV-Kochs Nelson Müller liegt dann wieder auf einer ganz ähnlichen Linie wie Tim Mälzer.[15]

Wie die Regionalküche volkstümlich verkleistert wird

Das Hauptproblem rund um die Regionalküche ist die Art, wie man mit ihr umgeht, wie man sie instrumentalisiert und mit Inhalt, den sie nicht hat oder haben sollte, befrachtet. Dabei kann man – speziell in Deutschland – mehrere Stränge verfolgen. Zuerst einmal sollte man an Wastl Fanderl (1915–1991) erinnern. Dieser Volksmusiker, Volksmusikforscher und Volksmusiksammler wurde vor allem mit seiner TV-Sendung *Baierisches Bilder- und Notenbüchl* bekannt, die vom Bayerischen Rundfunk von 1963 bis 1989 ausgestrahlt wurde. Fanderl hatte eine im Prinzip musikethnologische Sicht und kümmerte sich um die wirklich traditionellen Formen, ihren Erhalt und ihre Vermittlung ohne jegliches aufgepfropfte Drumherum, kurz: Er präsentierte exakt das Gegenteil von dem, was später als medial aufgedonnerte, völlig verkitschte »volkstümliche« Musik zu großer Popularität bei einem Massenpublikum kam, dem die ursprünglichen Formen oft gar nicht mehr bekannt sind. Heute hat die volkstümliche Musik mit ihren verzuckerten Versatzstücken aus der volksmusikalischen Tradition auf ganzer Linie »gesiegt«. Wastl Fanderl aber dürfte heute für viele Leute – trotz seiner hervorragenden Arbeit zum Schutz der Authentizität der Volksmusik – wie ein Außenseiter aus einer anderen Welt wirken.

Mit der Regionalküche ist Ähnliches passiert. Zwar gab es nie eine ähnlich qualitätvolle, präzise und populäre TV-Sendung rund um die Regionalküche, wie es das *Notenbüchl* für die Volksmusik war – auch wenn man sich heute so etwas durchaus gut vorstellen könnte. Aber es gab eine Entwicklung, in der die traditionelle Regionalküche in immer engere Verbindung mit der volkstümlichen Musik und ihrer auch in anderen Bereichen (wie Architektur, Dekoration, Kleidung) um sich greifenden »Tümelei« gebracht wurde. Die Verknüpfung/Konnotation von Bildern und Ästhetik der volkstümlichen Szenerie mit einer entsprechenden Küche hat gerade in Deutschland eine große Wirkung entfaltet. Es ist diese ästhetische Inbesitznahme durch das Volkstümliche, in die auch Begriffe wie »Heimat« oder »Heimatküche« oder »Heimatliebe« eingesickert sind. Die unrühmliche Rolle der Massenmedien bei der Verkitschung der Regionalküche konnte allerdings nur entstehen und greifen, weil die Voraussetzungen dafür in Deutschland besonders gut sind.

Was die kulinarische »Heimat«-Fraktion stark macht – zum Beispiel die mangelnde Authentizität der Spitzenküche

Um die in anderen Ländern kaum vorhandene Verknüpfung regionaler und traditioneller Küche mit einem volstümelnden »Heimat«-Begriff besser zu erläutern, ist auch der Blick auf eine spezifisch deutsche Entwicklung der deutschen Küchenkultur insgesamt hilfreich. In Frankreich, aber auch in Italien oder Spanien ist die Verbindung von Hoch- und Regionalküche häufig noch sehr ausgeprägt. Wenn man in Frankreich in die besten Restaurants einer Region geht, wird man dort fast immer die Küche der Region in bester Ausführung bekommen. Man ist stolz auf die kulinarischen Qualitäten und Spezifitäten der Region und hält sie ganz selbstverständlich für wesentlich. Auf eine Trennung einer wie auch immer gearteten »Heimat«-Küche von der Spitzenküche käme dort überhaupt niemand. Den Elsässer »Zander mit Sauerkraut« gibt es eben überall im Elsass. Punkt. Aber wenn man etwas zu feiern hat oder sich etwas besonders Gutes gönnen will, geht es in die besten Restaurants, weil die Gerichte dort am besten gemacht werden.

In Deutschland gibt es weitestgehend keine direkte Verbindung zwischen den regionalen Küchentraditionen und der Spitzenküche. Auf ein Drei-Sterne-Restaurant, in dem Schweinshaxe mit Knödel und Sauerkraut in einer absolut exzellenten Form angeboten würde, warten wir noch immer. Unsere Spitzenküche ist eine weitgehend importierte, die erst langsam bei einer jüngeren Generation zu einer eigenen Authentizität findet – dabei aber nach wie vor die Bearbeitung regionaler wie traditioneller Gerichte zögerlich angeht oder es kaum schafft, eine vor allem geschmackliche Ästhetik zu entwickeln, die wirklich etwas mit den Traditionen zu tun hat. Stattdessen finden wir heute oft eine Küche, die irgendwie noch etwas mit den handwerklichen Grundlagen der klassisch französischen Küche zu tun hat, sich dann aber vor allem gerne asiatischer (oder manchmal auch skandinavischer) Inspirationen bedient. Der roh marinierte Saibling mit Gurke, Wasabi und Miso gehört schon fast zu den Klassikern der Zunft. Und weil gleichzeitig eine kleinformatige Anrichteform mit oft zahlreichen und miniaturisierten Elementen en vogue ist und überhaupt das Ganze nicht mehr »nach richtigem Essen« aussieht, hat sich in Deutschland eine stramme kulinarische Opposition in ganz unterschiedlichen Gesellschaftsschichten ausgebildet. Selbst der ein oder andere deutsche Intellektuelle – so sich diese Gattung denn überhaupt mit guter Küche befasst – gefällt sich darin, sich über die »Auswüchse« einer modernen Küche lustig zu machen, bei der man am Ende nach einem Menü hungrig nach Hause geht. Ein gestandenes deutsches Mannsbild (um dieses Klischee zu benutzen) kann vor einem Teller eines kreativen deutschen Spitzenkoches nur ratlos sitzen, weil weder sein Geist noch seine Finger in der Lage sind, mit den feinziselierten Konstruktionen etwas anzufangen. Dort, wo eine authentische Verbindung zwischen der bürgerlichen Küche einer Region und deren besten, optimierten Fassungen in einem Spitzenrestaurant besteht, wäre mit solchen Problemen nicht zu rechnen. Diese Entwicklung und dieser Status der kulinarischen Kultur hat Opposition erzeugt.

Eine klare Polarisierung – hier neue Regionalität, dort die volkstümelnde »Heimatküche«

Wenn die besten Köche nicht genügend allgemein wirksame Überzeugungskraft aufbringen oder sich in eher künstlerische Sphären absetzen, entsteht eine Art kulinarisches Machtvakuum, in dem sich andere Kräfte tummeln. Da gibt es zum Beispiel jene Köche, die sich einer Art Revision der Regionalküche verschrieben haben und in einer mehr oder weniger von der Spitzenküche beeinflussten Form Aspekte des Regionalen und Traditionellen aufnehmen. Oder es gibt jene, die eine skandinavisch inspirierte Nova-Regio-Küche verfolgen, also die Kombination einer neuen Sicht auf regionale Ressourcen und avantgardistischem Denken betreiben (zum Beispiel selten oder nie genutzte Produkte der Region verwenden und – siehe unten – ausgeweitete Zubereitungsarten etwa aller Pflanzenteile). Das ist interessant und in vielen Fällen näher an der Region und der »Heimatküche« als vieles, was dieses Etikett trägt. Weil aber das Ganze gerne deutlich anders als »normale« Küche präsentiert wird und bisweilen auch mit den aromatischen Bildern der populären Traditionsküche wenig zu tun hat, ist die Relevanz dieser Küche für ein breites Publikum im Moment noch gering.

In diese Lücke stoßen die Bemühungen diverser TV-Köche und TV-Formate, die eine Art kulinarischen Populismus betreiben und dabei vor allem versuchen, »dem Volk aufs Maul zu schauen«. Dieser Ansatz hat bei den Programmgestaltern offensichtlich eine ganz ähnliche Motivation wie viele Formate populärer Sendungen, bei denen wegen der Einschaltquoten ein möglichst reibungsfreies Echo beim Publikum gesucht wird. Insofern finden sich in den TV-Programmen mittlerweile auch große Mengen von kulinarischen Sendungen, die man glatt populistisch nennen kann. Eine besondere Rolle spielen dabei die prominentesten TV-Köche, die ihre Star-Rolle um die Rolle einer personifizierten kulinarischen »Vernunft« ergänzen. Ihr Gegner und der Gegner breiter Bevölkerungsschichten ist die »abgehobene« Spitzenküche, die mit »Luxusprodukten« arbeitet, jede Bindung zu normalen Leuten verloren hat, lächerlich kleine Portionen anbietet, absichtlich immer wieder mit unbekannten, irgendwie seltsam schmeckenden Produkten arbeitet und außerdem noch nicht nachvollziehbar teuer ist. Tim Mälzer, Johann Lafer, Nelson Müller, Steffen Henssler oder Horst Lichter werden zu Anwälten des »gesunden kulinarischen Menschenverstandes«, also dessen, was alle Leute sowieso immer essen oder was im Bereich ihrer engen kulinarischen Toleranz und Kenntnisse liegt. Das Instrumentarium »Heimat« und »Heimatküche« füllt diese Rolle perfekt aus, weil man mit solchen Konnotationen auch noch mit Sicherheit etwas in der Hand hat, das die »Gegenseite« kaum jemals bemühen wird.

Aber – die Sache mit der »Heimat« hat noch andere Dimensionen

Auf einem Bild in einem Devotionalienladen im rheinischen Wallfahrtsort Kevelaer fand ich neulich den Sinnspruch »Zuhause ist kein Ort, sondern ein Gefühl«. Überprüft man diese Aussage mit dem Begriff »Heimat« im landläufigen Verständnis anstelle von »Zuhause«, verstärkt sich der Eindruck, dass »Heimat« im kulinarischen Bereich zwar eine bestimmte Funktionalität ausdrückt, aber nichts über ein bestimmtes

Essen und schon gar nichts über eine bestimmte kulinarische Qualität aussagt. »Heimat« kann auch etwas mit der heiß geliebten Imbissstube an der Ecke zu tun haben, in die man vielleicht nach langem Aufenthalt in der Fremde mit fremdartigem Essen zurückkehrt. Von bodenständigen Erzeugern und »ehrlichen Produkten« wäre dann gar nicht die Rede. Die Verschiebung in den subjektiv erlebten Bereich bedeutet natürlich, die Generalisierung von Gerichten als »Heimatküche« auf wackelige Füße zu stellen. Es mag sein, dass eine Menge von Leuten einer Region bei bestimmten, in ihrer Gegend häufig vorkommenden Gerichten »Heimatgefühle« haben, es muss aber nicht so sein, schon gar nicht angesichts jüngerer Generationen, die kaum jemals den Weg in ein Brauhaus oder ein Restaurant mit Regionalküche finden, und wenn, dann dort nach Möglichkeit das essen, was sie auch sonst am liebsten essen – also etwa Pasta, gemischte Salate, Chili con Carne oder ein Steak mit Pommes frites. Insofern scheint die Nutzung des Begriffes »Heimat« im kulinarischen Bereich forciert und interessengesteuert. TV-Köche und Medien versuchen – wie man so schön sagt –, eine neue Sau durchs Dorf zu jagen, ein Thema zu setzen, weil sie meinen, so etwas liege gerade im Trend.

Aber es gibt da noch einen anderen Zusammenhang. Wenn man in Zeiten zurückgeht, in denen Definitionen noch in einem Lexikon zu finden und sorgfältig erarbeitet waren, wird man, wie zum Beispiel in Band 11 von *Meyers Enzyklopädischem Lexikon* in der Ausgabe von 1974, zu »Heimat« Folgendes erfahren: »Die Vorstellung von Heimat entwickelt sich als Ergebnis von ersten, persönlichkeitsbildenden Kindheits- und Jugenderfahrungen. Mitunter kommt es bei Erwachsenen jedoch zur späteren ›Entdeckung‹ einer Wahlheimat. Heimat als besondere Struktur von Bewußtseinsinhalten ist ein wirksamer Orientierungs- und Bewertungsmaßstab.« Die Wirkung von Prägungen in einem bestimmten Kontext ist also klar und unbestritten. Daraus aber – auf Kulinarisches bezogen – eine Art Politik zu machen oder sie volkstümelnd zu instrumentalisieren, stellt ein Problem dar. Dazu noch einmal *Meyers Lexikon*: »Andererseits behindert allzu ausgeprägtes Heimatbewußtsein den Blick für globale bzw. gesamtgesellschaftliche Strukturen und Wirkungszusammenhänge, läßt es borniert-lokale Beschränktheit sowie harmonisch-integrative und romantisch-verklärte Gesellschaftsbilder entstehen.«

Das Misstrauen vieler Leute gegenüber Volkstümelndem und zuckrigen Heimatbildern ist verständlich – auch ohne dazu an die Instrumentalisierung von Volk und Heimat zu Zeiten des Nationalsozialismus erinnern zu müssen. Andererseits scheint beim Essen oft alles anders zu sein. Nein, die großen Intellektuellen und Künstler machen nicht grundsätzlich einen Bogen um regionale Spezialitäten und sind automatisch Freunde einer entwickelten Spitzenküche – zumindest bei uns in Deutschland nicht. Auch sie reagieren »natürlich« auf eine bestimmte Prägung, auf bestimmte Effekte, die sich bei ihnen im Zusammenhang mit regionaler und/oder traditioneller Küche einstellen. Was hier wie dort und fast immer wirksam wird, ist ein Effekt, dessen Bedeutung für das Essen erst in den letzten Jahren langsam klar zu werden begann. Es geht um den assoziativen Kontext, der sich bei quasi jedem Essen einstellt.

»Heimat« neu gesehen: Der assoziative Kontext als wichtiger Teil des kulinarischen Erlebens

Die Wahrnehmung von Essen verläuft zunächst meist über einen schnellen, fast radikal zu nennenden Abgleich mit den eigenen Vorlieben. Das eine mag man, das andere nicht, und trifft man auf Unbekanntes, wird es mit viel Distanz angegangen – wenn überhaupt. Diese Vorlieben verdanken wir unserer kulinarischen Prägung und meist frühen Erfahrungen. Sie erzeugen einen Automatismus, der bisweilen nur schwer zu durchbrechen ist. Was im Detail beim konkreten Essen passiert, hat aber vor allem ganz entscheidend damit zu tun, welche Assoziationen sich beim Esser einstellen. Der Begriff »Assoziationen« ist in diesem Zusammenhang – was sehr wichtig ist – in seiner ganzen Breite zu verstehen. Einerseits können sich etwa bei einem mediterranen Essen in Deutschland lebendige Assoziationen an ein Essen unter südlicher Sonne auf einer Terrasse mit Blick auf das Mittelmeer einstellen. Andererseits kann beim Anblick von Austern auf dem Teller deren Konsistenz auch sagen wir an Glibber in unschönen medizinischen Zusammenhängen erinnern oder der an der Taubenkeule verbliebene Fuß allzu heftig das Bild vom lebenden Vogel aufkommen lassen.

Der assoziative Kontext von Essen ist komplex und vor allem sehr individuell. Er ist an die kulinarische Sozialisation des Individuums gekoppelt und kaum überschaubar – unter Umständen ist er dem Esser noch nicht einmal vollständig bewusst.

Das, was rund um die Begriffe »Heimat« oder »Heimatküche« an – siehe oben – Erinnerungen an Kindheit oder besondere kulinarische Momente der mütterlichen oder großmütterlichen Küche transportiert wird, macht in jedem Falle nur einen kleinen Teil des assoziativen Kontextes aus. Die Rede ist ausschließlich von guten Erinnerungen, und das auf der Basis eines vergleichsweise oberflächlichen kulinarischen Eindrucks etwa durch eine besondere Erbsensuppe, die immer am Samstagmittag gegessen wurde, oder durch den Duft vom Sonntagsbraten und den Geschmack von dessen Resten am nächsten Tag. Die Verwendung des Begriffes »Heimatküche« für typische, in einem Kochbuch zusammengefasste Gerichte ist also eine eher fiktive Konstruktion, weil sie gleiches Erleben am gleichen kulinarischen Objekt behauptet und davon ausgeht, dass dieses kulinarische Objekt für den assoziativen Kontext »Heimatgefühl« oder Ähnliches verantwortlich ist. Tatsächlich könnte es durchaus sein, dass an die Stelle von bleibenden positiven Eindrücken des einen Essers rund um die jährliche Weihnachtsgans bei einem anderen Erinnerungen treten an traumatische Kindheitserlebnisse mit der Schlachtung von Geflügel, die ihn zum absoluten Gegner von Geflügelfleisch gemacht haben.

Heimat neu: Die Küche der Regionen und ihre assoziative Ladung

Und trotzdem sollte man einen von volkstümelnden Begrifflichkeiten und Konnotationen entschlackten Inhalt, wie ihn die »Heimatküche« (im besseren Sinne) meint, nicht aus dem Auge verlieren. Man sollte aber weder versuchen, die gemeinte Regionalküche/traditionelle Küche als die populärste, beste und einzig vernünftige Küche darzustellen, noch ein Konglomerat um den Begriff »Ehrlichkeit« bilden. Beide Richtungen muten der Küche etwas zu, was sie nicht leisten kann. Aber man sollte jede Form von Gerichten oder Küchenrichtungen, die in ihrer Geschichte eine klare assoziative Ladung akkumuliert haben, als ein wichtiges Dokument der Kultur und Kulturgeschichte einstufen und bewahren. Eine solche, auf den ersten Blick vielleicht konservative Forderung ist aber alles andere als »nur« konservativ. Allein die Bewahrung von Gerichten mit einer solchen starken assoziativen Ladung ist eine große und komplexe Aufgabe, weil sich viele Gerichte unter dem Einfluss der immer stärker werdenden, standardisierten industriellen Nahrungsmittelerzeugung geschmacklich gewandelt haben. Die Fertiggerichte mit Gerichten der »Heimatküche« unterscheiden sich meilenweit von einem optimierten Gericht mit guten Produkten und Garzeiten und haben in vielen Fällen – qua Qualität – bei Weitem nicht die assoziative Ladung wie das, was viele vielleicht als echt und authentisch empfinden. Insofern kann es geradezu darum gehen, traditionellen Gerichten eine Form zu geben (oder eben wiederzugeben), die nicht nur ihre kulinarische, sondern auch ihre assoziative Ladung maximiert. Dabei ist auch immer wieder die Individualität des Essers im Auge zu behalten. Die volle Würdigung und – wenn man so will – Nutzung des assoziativen Kontextes eines hervorragend gelungenen Gerichtes der traditionellen Regionalküche setzt voraus, dass diese Informationen auch entschlüsselt werden können.

Eine wichtige Aufgabe für die Zukunft ist vor allem erst einmal, die Produkte und Gerichte der Regionen zu entdecken und den Zusammenhang zwischen ihnen und der Kultur einer Region bewusst zu machen.

Und weil mittlerweile sowohl Produkte wie Gerichte wie kulturelle Zusammenhänge oft weitgehend verschüttet sind, gilt es gleichermaßen alle Teile einer kulinarischen Kultur auch zu entwickeln.

Die positive assoziative Ladung, die für jeden Esser eine so wesentliche Rolle spielt und Essen zu einem individuellen Erlebnis der ganz besonderen Art machen kann, kann verstärkt werden. Wenn zum Beispiel die bayerische Staatsregierung darüber nachdenkt, das Verschwinden von Wirtshäusern im ländlichen Raum durch gezielte Förderungen aufzuhalten, ist dies ein erster Schritt zur Verhinderung des Verlustes eines wichtigen Teils des kulinarischen Erlebens und Erinnerns in den Regionen. Bei allen solchen Bemühungen sollte man aber im Auge behalten, dass im Prinzip die Individualität eines kulinarischen Ereignisses (im weitesten Sinne) und die spezifische Bindung an lokale Traditionen und Produkte wie an eine lokale Bevölkerung die intensivste assoziative Ladung erbringen. Generalisierungen aller Art greifen zu kurz, und Rezepturen, die unter dem Mäntelchen »Heimat« gleich für ganz Deutschland gelten sollen, sind ein Widerspruch in sich. Als typisches Beispiel fällt mir die Bretagne ein, wo in Cherrueix in der Bucht des Mont-Saint-Michel anlässlich des Pardon de Sainte-Anne ein traditionelles Festessen abgehalten wird, bei dem Keulen der (ausgewachsenen) Lämmer in einer Art Erdgrube über Holzfeuer und bepinselt mit einer abenteuerlichen, dunklen und absolut historisch schmeckenden Marinade gegart werden. Das gibt es nur dort und zu diesem Anlass, und es bringt quasi alle Leute der näheren Umgebung zusammen.

Heimat neu: Das Spiel mit der assoziativen Ladung traditioneller Gerichte

Mittlerweile befassen sich eine ganze Reihe von kreativen Köchen mit einer neuen Form der Regionalküche, die die Traditionen gezielt aufnimmt und nicht etwa – wie das bei der Adaption von traditionellen Gerichten durch die avancierte Küche häufig zu finden ist – bis zur Unkenntlichkeit »verschönert«. Es gibt zum Beispiel Gerichte, die modern aussehen und eine moderne, vielfältige sensorische Struktur haben, aber gleichzeitig auch Traditionelles zitieren. Wenn etwa in einem modern-rohen Umfeld eine absolut großmütterlich schmeckende Bratensauce auftaucht, kann das zu faszinierenden Eindrücken und hochinteressanten Geschmacksbildern führen – natürlich auch und gerade deshalb, weil der assoziative Kontext scheinbar so verwirrend aufgeladen ist. Da gibt es dann sozusagen ein Stück »Heimat« zwischen asiatischen Bestandteilen. Köche wie Sebastian Frank vom »Horváth« in Berlin arbeiten mit subtilen Erinnerungen aus der eigenen kulinarischen Vergangenheit.[16] In einem Gericht befasst er sich mit dem, was am nächsten Tag und nach dem Erkalten von einer Rindssuppe noch an Fett im Topf ist (siehe oben) und kreiert damit eine Komposition, die diesem Geschmacksbild eine höchst differenzierte Mischung von Cremes und Saucen und Mousse und Eis entlockt. Beim Essen bleibt man gleichwohl immer in diesem Bild, es ist ein Spiel mit Erinnerungen, mit Assoziationen.

Auch das Bild vom Restaurantkritiker im bekannten französischen, kulinarischen Zeichentrickfilm *Ratatouille* sollte man nicht vergessen. Er gibt seinen Beruf auf, weil er plötzlich einen Eintopf vorgesetzt bekommt, der ihn so intensiv an den Geschmack seiner Kindheit erinnert, dass er nicht mehr weitermachen kann. Seine Arbeit als Kritiker wirkt im Nachhinein wie eine verzweifelte, misslaunige Suche nach dem kulinarisch Wahren, das er in der Sterneküche nie bekommen hat. Felix Schneider vom »Sosein« in Heroldsberg bei Nürnberg hat gerade seinen zweiten Michelin-Stern für eine Küche bekommen, die sehr puristisch ist und auf den Produkten seiner unmittelbaren Umgebung aufbaut. Er macht einfach mehr damit, als das üblich ist, er nutzt Pflanzen und Pflanzenteile (wie etwa Salatstrünke), die man sonst nicht benutzt, oder macht aus simplen traditionellen Süßspeisen (wie etwa aus Streuobstwiesenfrüchten) hochmoderne Gerichte. Das konfrontiert einen mit Gedanken, warum man gegenüber dem kulinarisch so Naheliegenden bisher so unsensibel war. Es ist wie eine Kritik der Erinnerungen, wie eine

Kritik des kulinarischen »Heimat«-Verständnisses, es entlarvt den großen Schweinsbraten-und-Knödel-Tumult als oberflächlich und banal.

Die Nova-Regio-Küche ist, wie schon erwähnt, seit einiger Zeit weltweit ein Kreativtrend in der Spitzenküche – beflügelt von dem Erfolg der skandinavischen Köche um die Galionsfigur René Redzepi. Diese Küche bezieht sich explizit auf alle lokalen Traditionen, die sie oft wie mit einem Vergrößerungsglas zu betrachten scheint: Sie hebt ein Potenzial, das in der Vergangenheit aus vielen Gründen, zum Beispiel weil küchentechnische Voraussetzungen wie Kühlung noch nicht so gegeben waren wie heute, nicht gehoben werden konnte. Manche Gerichte – etwa beim norwegischen Drei-Sterne-Koch Esben Holmboe Bang vom »Maaemo« in Oslo – schmecken wie eine purifizierte Reise in die Vergangenheit, wo getrockneter Hammel noch der Grundstock der winterlichen Verpflegung war. Oder Quique Dacosta, ein spanischer Drei-Sterne-Koch in Denia, der zum Beispiel mit der Verwendung von Fleischteilen wie Knorpeln, die man früher weggeworfen oder bestenfalls als Grundstock in Eintöpfen eingesetzt hat, zeigt, dass man aus allen Materialien Exzellentes machen kann. Und er benutzt traditionell-bratöse Geschmacksbilder, um einen positiven assoziativen Kontext einzubinden.

Insofern ist der Begriff »Heimat« im kulinarischen Bereich unpräzise und in seiner volkstümlichen Verkleisterung kontraproduktiv. Aber er hat zumindest zum Teil etwas mit einer der wichtigsten Erscheinungen um die Wahrnehmung und Wirkung von Essen zu tun, dem assoziativen Kontext. Man sollte sich trotz aller Versuche, die regionale und traditionelle Küche für mehr oder weniger kommerzielle oder auch gesellschaftspolitische Zwecke zu instrumentalisieren, nicht davon abhalten lassen, das enorme Potenzial kulinarisch gelebter Traditionen nach allen Kräften und in allen möglichen Formen zu erhalten und zu fördern.

Anmerkungen

1 Nika Standon Hazelton, Redaktion *Time-Life*-Bücher: *Die Küche in Deutschland*. Amsterdam 1969/1970.

2 Essen & Trinken (Hrsg.): *Unvergessene Küche. Die schönsten Rezepte aus den deutschen Landschaften.* Hamburg 1979.

3 Ebd., S. 6.

4 Horst Scharfenberg: *Aus Deutschlands Küchen. Überlieferte Rezepte aus 17 Regionen.* Bern, Stuttgart 1980/1994.

5 Hannes Schmitz: *Kulinarische Streifzüge durch das Rheinland.* Künzelsau, Salzburg, Thalwil 1982; Pohl-Kauka Verlag (Hrsg.): *Kulinarische Freuden der herzhaften Landküche. Typische Rezepte und Landschaftsbilder.* Brüssel 1996.

6 Metta Frank, Marieluise Schultze: *Norddeutsche Küche. Rezepte, Bräuche und Geschichten im Jahreslauf.* München 2006.

7 Birgit Hamm, Linn Schmidt: *Heimweh-Küche. Lieblingsessen aus Omas Küche.* München 2010, S. 4.

8 Jörg Steinleitner: *Heimat auf dem Teller. Heimische Produzenten – Ehrliche Produkte – Schmackhafte Rezepte.* München 2012, S. 8.

9 Tim Mälzer: *Heimat. Kochbuch.* München 2014.

10 Tim Mälzer, Eckart Witzigmann: *Mälzer & Witzigmann. Zwei Köche – ein Buch.* München 2010.

11 Tim Mälzer: *Greenbox.* München 2012.

12 Mälzer 2014, S. 12–13.

13 Tim Mälzer: *Neue Heimat. Kochbuch.* München 2018.

14 ARD-Bufett (Hrsg.): *Heimatküche. Regional – Saisonal – Klassisch.* München 2017.

15 Nelson Müller: *Heimatliebe. Meine deutsche Küche.* München 2019.

16 Sebastian Frank: *kuk.* Stuttgart 2019.

Die Autoren

Maxim Biller, geb. 1960, lebt als Schriftsteller und Kolumnist in Berlin. Zuletzt erschien sein Roman *Sechs Koffer*.

Michael Brenner, geb. 1964, ist Professor für Jüdische Geschichte und Kultur an der Ludwig-Maximilians-Universität München. Zuletzt erschien *Der lange Schatten der Revolution. Juden und Antisemiten in Hitlers München 1918–1923*.

Jürgen Dollase, geb. 1948, ist Gourmetkritiker und -journalist. Zuletzt erschien *Pur, präzise, sinnlich. Ganzheitlicher Genuss – die Zukunft des Essens*.

Naika Foroutan, geb. 1971, ist Professorin für Integrationsforschung und Gesellschaftspolitik an der Humboldt-Universität zu Berlin. Zuletzt erschien *Postmigrantische Perspektiven. Ordnungssysteme, Repräsentationen, Kritik* (zusammen mit Juliane Karakayali et al.).

Katja Gasser, geb. 1975, ist Leiterin des Literaturressorts im ORF-Fernsehen und Mitglied in unterschiedlichen Literatur-Jurys, zuletzt beim Deutschen Buchpreis 2017.

Dirk von Gehlen, geb. 1975, ist Journalist und Autor sowie Leiter der Abteilung Social Media/Innovation der *Süddeutschen Zeitung*. Zuletzt erschien *Gebrauchsanweisung für das Internet*.

Michael Haas, geb. 1954, ist Musikwissenschaftler, Produzent und Senior Researcher am exil.arte Zentrum in Wien. Zuletzt erschien *Forbidden Music. The Jewish Composers Banned by the Nazis*.

Adrian Lobe, geb. 1988, ist Politikwissenschaftler und freier Journalist. Im September 2019 erscheint *Speichern und Strafen. Die Gesellschaft im Datengefängnis*.

Robert Misik, geb. 1966, ist Journalist und Autor. Zuletzt erschien *Herrschaft und Niedertracht. Warum wir so nicht regiert werden wollen!*.

Armin Nassehi, geb. 1960, ist Professor für Soziologie an der Ludwig-Maximilians-Universität München. Zuletzt erschien *Gab es 1968? Eine Spurensuche*.

Georg Seeßlen, geb. 1948, ist freier Autor, Feuilletonist und Filmkritiker. Zuletzt erschien *Freiheitstraum und Kontrollmaschine. Der (vielleicht) kommende Aufstand des nicht zu Ende befreiten Sklaven* (zusammen mit Markus Metz).

Eran Shakine, geb. 1962, lebt als Maler, Illustrator und Bildhauer in Tel Aviv. Seine Werke sind in zahlreichen Einzelausstellungen unter anderem in New York, Paris, London und Toronto gezeigt worden.

Levi Israel Ufferfilge, geb. 1988, unterrichtet Israelitische Religionslehre und Hebräisch und ist einer von zwei Schulleitern des Jüdischen Gymnasiums in München.